大夏书系 | 教师专业发展

学习型教师
学习力的修炼与超越

刘 祥 / 著

华东师范大学出版社
·上海·

图书在版编目（CIP）数据

学习型教师：学习力的修炼与超越 / 刘祥著. 上海：华东师范大学出版社，2025.
— ISBN 978-7-5760-5981-6

I. G635.12

中国国家版本馆 CIP 数据核字第 202557Z53X 号

大夏书系｜教师专业发展

学习型教师：学习力的修炼与超越

著　　者	刘　祥
责任编辑	卢风保
责任校对	杨　坤
封面设计	淡晓库

出版发行	华东师范大学出版社
社　　址	上海市中山北路 3663 号　邮编 200062
网　　址	www.ecnupress.com.cn
电　　话	021-60821666　行政传真 021-62572105
客服电话	021-62865537
邮购电话	021-62869887
地　　址	上海市中山北路 3663 号华东师范大学校内先锋路口
网　　店	http://hdsdcbs.tmall.com/

印 刷 者	北京密兴印刷有限公司
开　　本	700×1000　16 开
印　　张	14
字　　数	207 千字
版　　次	2025 年 5 月第一版
印　　次	2025 年 5 月第一次
印　　数	6 100
书　　号	ISBN 978-7-5760-5981-6
定　　价	62.00 元

出 版 人　王　焰

（如发现本版图书有印订质量问题，请寄回本社市场部调换或电话 021-62865537 联系）

目 录

自 序 预约一份可期待的精彩 / 1

第一章 学习即成长
第一节 学习力的遗失与重构 / 3
第二节 学习力的输入与输出 / 10
第三节 学习力的养护之道 / 17
第四节 成为终身学习者 / 26

第二章 读思得丰盈
第一节 专业阅读中的取舍之道 / 35
第二节 什么样的阅读更有效 / 42
第三节 教育实践中的"四本经" / 51
第四节 学习型教师的"四则运算" / 58

第三章 求变方能变
第一节 走出课堂舒适区 / 67
第二节 清零,然后重构 / 74
第三节 "以学习者为中心" / 83
第四节 主动试错 / 89

第四章　修炼在日常

第一节　不放弃任何一个机缘 / 99

第二节　做一点分外之事 / 106

第三节　像专家那样思考 / 113

第四节　建构课题意识 / 120

第五章　课改正当时

第一节　大单元：一种全新的课程结构 / 127

第二节　大概念：纸上得来终觉浅 / 134

第三节　任务：核心素养的特定载体 / 140

第四节　情境：不可或缺的学习场 / 147

第六章　写作促提纯

第一节　开启专业写作之路 / 157

第二节　多一点田野实践 / 163

第三节　在理解中完善 / 168

第四节　确立教育理性 / 175

第七章　互助致行远

第一节　寻找适宜的团队 / 185

第二节　互助，而非互赞 / 192

第三节　学会"断舍离" / 199

第四节　让"自主培训"成为主角 / 204

后　记 / 211

自 序

预约一份可期待的精彩

天生万物，各有各的精彩，各有各的无奈。依照我的理解，一切能够支撑生命体朝向理性、诗性的方向发展壮大的知识、能力、品德、情感等，都可以构成生命的精彩；一切引发消极、懈怠、灰暗心理的认知、行动以及由此养成的习性和价值取向，都注定收获无奈。

人的生存环境不同，行为习惯不同，内在学养和价值诉求不同，能够拥有的精彩便不同。相当多的时候，我们追寻思想品质和情感基因的丰盈润泽，便是追寻生命的精致与精彩。影响精彩的外部因素很多，锻造精彩的内部元素也很多，读万卷书、行万里路、交天下友，都足以在一定程度上拓展精彩的外延，丰富精彩的内涵。

有一些人，学富五车，著作等身，却并不被认可为创造了生命的精彩，因为其知识仅用于扩大自身的利益，并不能对他人和社会形成正向价值；有一种人，身价亿万，富可敌国，也不被视为拥有精彩的人生，因为其财富未能造福社会，推动人类生活朝向更美好的方向发展。从这一点而言，精彩和知识、财富并没有必然的联系，能够使其形成有效关联的，只是附加在知识和财富之中的社会价值。毕竟，精彩的本质不是利己，而是利他。

滚滚红尘之中，要想成为一个精彩的人并非易事，负向的干扰总是太多，关于精彩的各种误读也很多。精彩从不属于短视和功利，一个人无论拥有多么渊博的知识，多么显赫的头衔，多么亮丽的光环，一旦陷入了蝇营狗苟、鸡毛蒜皮之中，所有的才华便都远离了精彩，成为漂浮于灵魂之外的包装物。真正的精彩之人，一定心中有梦，目中有光，脚下有路，无论身处什么样的位置，从事什么样的职业，都能够脚踏实地，朝向心目中的明亮前方奋力而行。

中小学教师的精彩，会是一种什么样的呈现方式呢？

如果以世俗社会的名利标准衡量中小学教师的社会成就，则绝大多数中小学教师注定与精彩无缘：升不了高位，领不到高薪，电视屏幕上从无身影，也很难在大舞台上披红挂彩……于是有人会说，中小学教师要甘于清贫，中小学教师的精彩要体现在学生身上，桃李满天下就是中小学教师最好的精彩绽放方式。

教师当然要致力于培养光芒万丈的学生。得天下英才而育之，本就是人生的一大乐趣。只是，学生的精彩属于学生自身，是多方面因素共同作用的结晶，绝非哪一位教师的一己之功。那种动辄"我培养了多少多少的清北生""谁谁谁是我教出来的"的高论，欺人的同时也在自欺。"江南七怪"能将郭靖教成超一流的大侠吗？如果一名学生拥有远超于教师的眼界和胸襟，那么这眼界和胸襟就绝不会来自教师。

真正属于中小学教师自身的精彩，只能来自教师由内而外焕发出的蓬勃向上的生命张力，来自教师在长久的阅读、思考、写作中滋养而成的丰厚学养和人性光芒，来自建立在对所有生命平等相待并极其尊重基础上的教育情怀和教育理性。中小学教师的精彩可以没有鲜花和掌声，但不可缺乏人性的温暖和生命的润泽。

我曾见证过这样一些关乎教师成长的精彩镜头：

一名年轻教师，为了上好一节展示课，不但反复打磨这节课的教学流程与教学细节，而且从中国知网下载了几十篇文章认真研读。终于，她在讲台上无比自信地绽放出属于她的独特光芒：妙语连珠，深入浅出，神采飞扬。

一名中年教师，仅仅是因为评职称的需要，不得不绞尽脑汁地撰写一篇教学论文。一次次的"不予录用"反而激发了他的好胜心，发愤阅读，反复修改，屡败屡战，终于收到了样刊和稿费。

一名即将退休的教师，主动申请到边疆地区支教，在陌生的环境中，和一群陌生的同伴开启时长一年半的专业研修的历程。身份的转换带来了认知和情感的转变，在那片陌生的土地上，他重新上路，精神抖擞，钻研课堂教学技艺，钻研课题研究方法，钻研团队建设方案。

一名已经退休数年的教师，仅仅因为听了一次讲座，了解了一种美好的教育图景，结识了几位纯粹的教育理想主义者，便义无反顾地投身到这份图景之中，自费参加各种培训，自主参与各种活动，自发宣传教育新理念，自觉践行教育新主张。

这样的专业成长，是个例，亦是普遍现象。

每一位教育者的生命成长，都如同酒的酿造。起点处不过是玉米、高粱、红薯、小麦、稻谷等寻常物品，假之以特定的时间，施之以不同的工艺，收获的却是不同的品质：有人酿出了酱香型的茅台，有人酿出了浓香型的五粮液，有人酿出的却是难以入口的苦酒。

谁人不想酿出茅台或者五粮液呢？但需要掌握必要的工艺，需要拥有等待其充分发酵的耐心。遗憾的是，很多人只是粗通皮毛，又没有足够的耐心静候其发酵，如何不收获难以入口的苦酒呢？

本书渴望传递给您的，正是一份慢工酿造的技艺。我虽不是顶级酿酒师，没有一招制胜的秘方，但至少可以保证不酿苦酒和劣酒。

全书共有七章，每章四节，每节三至四个要点。第一章围绕"学习力"这一关键词，从四个角度宏观性阐释学习力与教师专业成长的内在关联。此章的写作目的，在于宣扬终身学习的价值主张，将老生常谈的话题细化至具体的成长细节之中进行分析论证。

第二至四章大体围绕专业阅读、专业实践、专业反思展开。在专业阅读方面，我并不完全认可"开卷有益"的观点，而是倡导有选择地阅读，倡导指向信息融通的阅读。我在书中提出的教育实践的"四本经"和"四则运算"，相信会给您带来一定量的启发与思考。

专业实践方面，我反对缺乏理论支撑的"多做"，倡议在认知经验的"舒适区"之外勤加探索，倡议对旧经验主动"清零"，倡议在教育教学实践中"主动试错"，倡议"以学习者为中心"。我认为，所有的行动，都必须建立在目标正确且清晰、行为合理且规范的前提之下。倘若认知错误，则做得越多，越是偏离教育教学的本质。

专业反思上，我试图和您交流的是这样一些追问：在追求更加美好的教育生活的道路上，您真的把握住每一个难得的成长机遇了吗？您乐意于做一些分外之事吗？您遇事能超越感性，注意透过现象发现本质吗？您对教育教学中的任意一个想法、一个灵感，有没有深入且持久地钻研下去？在书中，我努力用一个个案例向您证明，学习型教师只有学会了真正地思考，才能收获真正的成长。

第五章涉及当下课程改革中的四大热点。我在书中对大单元、大概念、学习任务和真实性问题情境的解读未必精准，所举的例子也未必完全准确。要想系统性探究这些问题，您可以阅读学者们的专著或论文。我在这一章更想向您传递这样一种认知：不要急于否定一种新生事物，不要因为此种新生事物与您的经验相悖便抵触它，诋毁它。静下心来研究它，践行它，完善它，或许你便由不理解转变为理解，由反对者转变为积极的践行者和推动者。

第六章立足于专业写作这个主题，从四个角度进行了粗线条的介绍。此处，我舍弃了对具体写作技法的阐释，更多关注教育写作、教育实践、教育反思间的融通，关注学习型教师的教育理性的养成。如果您想要了解教育写作中的具体技法，可阅读我的另一本专著《改变，从写作开始：教育写作实用技巧30讲》。

第七章探究的是专业交往中的四点注意事项。最近的十余年间，我参与组建了多个专业发展共同体，也受邀参加了更多的专业交往团队。一方面，我看到了一部分教师通过专业交往而获得了长足的进步；另一方面，我也遗憾地发现，更多的教师在专业交往中仅仅习惯于展示自己的"成绩"，并不乐意于开展真正的教育研讨。所以，我在这一章中，更多的是倡导一种真正的互助成长，反对廉价的鲜花和掌声。

我自2012年出版《青年教师的心灵成长之旅》以来，十三年间从未放弃对教师专业发展这个课题的研究，自认为尚且算得上是一位学习型教师。而我这一路走来，依凭的又无外乎专业实践、专业反思、专业阅读、专业写作和专业交往五种成长方式，所以真诚地期盼我的天南海北的同行们也能借助此"五专"模式，走上专业发展的快车道，为自身、为学生、为教育确立一份正向的价值示范。我深信一个并不复杂的道理：任何一位教师，只要真正落实了此"五专"模式，便一定能够收获远超当下的教育成就。毕竟，天道从不辜负善于行动的人，脚踏实地地践行，便能收获实实在在的成长。

从您读到这篇序言开始，与您的教育生活签署一份契约吧，许之以此"五专"模式，与之预约一份可期待的精彩。预约一些专业书籍，让它们成为您的精神食粮；预约一些探索课，让它们丰富您的实践认知；预约一些对成功或失败的深度反思，让它们修正您的目标偏差或行动偏差；预约一些能够写出来的文字，让它们助推您的思想朝向深广处延展；预约一些思想交锋、情感交融、灵魂碰撞的对话活动，让它们点亮您的心灯，照亮您前行路程中的每一个转角。这样的预约并不需要高昂的

"挂号费"，也不需要托关系、开后门，只需要一份虔敬的态度，一份扎实的行动，一份理应遵守的契约精神。

是为序。

刘　祥

2025 年 2 月于古镇真州

第一章　学习即成长

中小学教师群体中,"忙"似乎是一种标配,但中小学教师的"忙"终究应该"忙"在学习与成长上。教师的学习与成长不但具有鲜明的职业特征,而且具有独特的个性特征。于中小学教师而言,完成常规教学任务的各类思维活动算不上真正意义上的学习。职称的提升、荣誉的获得亦不属于真正意义上的成长。中小学教师的学习,不但要指向自身知识积淀,指向专业技能,而且要指向理想与理性,指向情感与担当,指向生命的丰盈与灵魂的润泽。中小学教师的成长,不但要指向可视化的能力提升、视野拓展、认知完善、思想深厚,而且要指向潜意识中的自省、自律、自觉,指向如呼吸一样自然的专业阅读、专业写作与专业交往。

第一节

学习力的遗失与重构

如果缺乏终身发展的成长意愿，缺少持久性的田野实验与长效性的专题探究，那么，基础教育阶段的绝大多数教师的学习力必将随着从教年数的增长、教学经验的增加、职业倦怠的滋生、生活负担的加重、外部因素的影响而呈现出不断递减的态势，形成个体认知经验与自主学习力的倒挂。

此结论绝非臆想之论，而是在无数的校园中随处可以印证的事实。在半数以上的基础教育阶段的学校中，最具学习活力、最能承担各类挑战性教学任务的通常是年轻教师，尤其是新入职教师。众多的年逾半百甚至刚过不惑之门的中青年教师（含大多数的学科带头人之类的教学骨干），则更多依凭长期教育教学实践中积淀而成的丰厚经验应对日常工作中的各类问题。

至于那些业已"功成名就"的名教师，那些被定义为"终身学习者"的教育理想主义者，也难以摆脱经验与学习力倒挂的魔咒，尤其是当其已然形成了相对固化的教学模式、拥有了只属于其个人的某种教学主张之后，此类"宝贵经验"更是会构成其学习新理论、探索新方法的内在阻力。这一点，从当下某些名师对大单元整体化教学的强力批评中便可感知。

那么，究竟是哪些因素导致了基础教育阶段教师群体性的学习力不足？又有什么样的力量能够助推中小学教师形成并长期拥有持久的学习力呢？

1. 影响教师学习力的三大因素

日常生活中，影响教师学习力的因素或许很多，归结起来却不外乎三点：外在环境，内在诉求，行动效能。

（1）外在环境关乎学习力的引导与制约。

所有的教师必然生活在小范围的特定工作环境和大范围的社会舆论环境之中。此两种环境对教师的行为能力要求往往过分关注于显见的、可量化的各类应试数据，过分聚焦于"德"的呈现及其影响，这便在很大程度上"引导"着教师群体或是倾其全力化身为"灭绝师太"式督促者与管理者，或是全身心投入到"蜡烛"式牺牲与奉献之中，用十万分的努力推动学生的学习，却将自身的成长抛诸脑后。此种外部环境下，缺乏明晰目标定位的教师很容易迷失。

（2）内在诉求关乎学习力的内部驱动。

任何时代、任何国度的教师群体中，都不乏一些乐意于拆下肋骨作火把的崇高者，不乏一些热衷于追求精湛教育教学技艺的探索者，但也不乏一些只是"为稻粱谋"的凡庸者。倘若从三类人在教师群体中的占比而言，后者或许更属于大多数。当一位教师只将教育教学视作一个饭碗，而非视作一份值得终身探索的伟大事业时，其灵魂深处便同时丧失了对这份职业的热爱与敬畏，也就必然丧失了专业发展的内驱力。而当一位教师视教育教学为一生追求的事业或者艺术时，则必然由内而外激发出持久性的驱动力，助推自身在永不停歇的探索道路上奋力前行。

（3）行动效能关乎学习行动中涉及的理解力、行动力、转化力和持久力。

此四种能力统属于学习力，为下一层级的学习能力。四种能力中，理解力是基础，行动力和转化力是支柱，持久力是学习过程的保障。没有理解力，便无法支撑具体的行动和成果的转化；没有持久力，理解、行动与转化又都极易演变为"烂尾楼"。

现实的教育生活中，教师的理解力绝不会停留在早期师范教育的认知层面，但也很难与时俱进，时刻跟上时代以及课程的发展变革。相当数量的教师，当其积攒下一定量的教育教学经验之后，这份或厚重或轻薄的经验极易转化成遮蔽其理解力的那道"厚障壁"，使其习惯于仅凭旧经验便幻想着解决一切教育教学问题，自然也就本能性舍弃了学习力的提升。

还有一定量的教师，能够清楚地感知外部世界的发展与变化，亦知晓教育领域中不断涌现的新理论和新主张，却懈怠于投入时间和精力探究这些新生事物，或者懈怠于将接触到的新理论转化为实际的教育教学成果。这种类型的教师，学习力同样匮乏。

也有一种类型的教师，对教育教学拥有足够的热情，乐意于全身心投入到教育教学研究之中，但其热情与投入通常仅停留在浅阅读、浅实践的层面，有"量"的积累，少"质"的深耕，积攒了大量的名词概念，却难以将其转化为具体且生动的教育教学技能。这种类型的教师，依旧不能称其拥有较强的学习力。

在教师专业发展过程中最具影响性的因素是持久力。绝大多数教师在受到某种良性外部激励之后，往往也会在短时间内爆发出强大的学习力，收获一定的成绩，比如参加高规格的教学竞赛并获奖，但如果这样的激励无法持久存在，或者虽持久存在却缺乏新鲜内容的进入，时间一长，惰性便寻机侵入。真正的优秀者则不然，他们必然是拥有较强持久力的人，能够锁定某些预设的目标持之以恒地展开系统性研究。因为这份持久力的存在，他们或许短时间内难以拿出令人惊艳的业绩，却最终能够成为他人眼中的前方风景。

2. 每个人都是生存环境的必要组件

大多数人会生活在一些显见的逻辑悖论之中。

比如，一个仅有三五个人的小机构，却形成了某种非良性的文化氛围。于是这三五个人都批评这种文化氛围不利于机构的健康发展，都觉得需要从根本上改变此种生存环境，却又都不从自身的言行举止上寻找解决问题的方法，而是寄希望于他人，寄希望于这个小机构的具体负责人，甚至寄希望于超越了具体的人员的"机构"本身的自我诊疗。如此，这个小机构的非良性成长环境便永远不会改变。

将此三五个人的小机构拓展至三五十个人甚至三五百个人的学校，环境与人之间的逻辑关系并不会出现本质性变化。一所学校中的生存环境或者文化环境，同样由这所学校的所有教师构成，而非仅由校长一个人裁定。仅从教师学习力建构这一点而言，彼此都不愿意接纳新理论，都热衷于埋头拉车，一门心思抓应试，却幻想着拥有一个学习型书香校园的良好环境，这美好环境自然不会从天而降。

厘清了这个事理，也就厘清了外部环境与教师学习力养成的内在逻辑。大多数同事都不热爱学习时，学校中的整体性学习氛围必然匮乏；大多数同事都对教育教学持有旺盛的探究热情时，学习型校园也就随之而生。

对于外部的环境，该如何应对？

如果你是一名学习型教师，或者你暂且只是一名渴望成为学习型教师的教师，不妨先采用"躲进小楼成一统"的策略，在主观上屏蔽外部环境的干扰，然后为自己制订一个可行的自主学习计划，一步一个脚印地做起来。这样的做，可暂且不问收获，只问耕耘。

当你拥有了一定的影响力和话语权之后，便不能满足于单打独斗和自得其乐，而是要努力迸发光与热，为周边的人奉献出明亮与温暖，成为周边之人的好氛围与好环境。你要尽其所能地带动周边之人共同学习、共同思考、共同探索，用日渐壮大的光芒和热量，为更多的人驱散黑暗与寒冷。

未必所有的人都愿意接受这份光与热，但真正的冷漠者终究属于极少数。当你们成为一所学校中的半数甚至大多数时，你们便都成为良性成长环境的根基，成为此种环境朝向更美好的方向转化的动力。

3. 学习力是一个变量

时常有一些并不很老的教师用极为老气横秋的话为自己的职业倦怠找借口："我也想在专业上取得好的发展，但我身处农村学校，年龄又比较大，每天总有做不完的事，哪儿还有时间静下心来读书和写作？"

对于这类托词，我总是很不客气地回复："我也是从农村学校走出来的，年龄比你还大很多。我每天也同样面对很多事，但只要愿意，终究还是能找出时间读点书，写点与教育相关的文字。"我这样说，当然不是为了自我表扬，不是炫耀我在阅读和写作，而是想陈述一个极易被遮蔽的事实：所有的外在因素固然都在一定程度上影响着教师个体的成长，但为什么同样的环境下有人可以成长为一朵花，有人成长为一棵树，有人成长为一丛草，有人却始终是戈壁滩？环境不过是一片待开发的土地，你种下什么样的种子，才可能有什么样的收获。有人能在戈壁滩甚至沙漠中种植出一片茂密的绿洲，有人能将肥得流油的黑土地闲置成堆满垃圾、长满野草与荆棘的荒野。

这样的比喻或许过于刻薄，但事理却不"违和"。万物互联的时代背景下，最偏远乡村的农副产品都可以借助特定的物流通道迅速走到大都市人家的饭桌上，还有什么样的知识信息会因为城乡之别、年龄之别便只偏爱俊男靓女，嫌弃中年油腻大叔？对于教师，对于任何人，真正的放弃只有一种，那就是自我放弃。

更多的教师属于渴望发展却又缺乏真正学习力的人。我曾在一个极具正能量的网络研修团队中接触到数十位热爱教育且长期坚持专业阅读和专业写作的中小学教师，他们中的一部分人已经拥有了特级教师、正高级教师等头衔，但当我们聚在一起共同探讨一部理论著作、一节家常课、一件热点事件时，会发现其中的大多数人只习惯于使用最直观的感性经验充当阐释事理的认知依据，或者只习惯于使用一些并未经过深度消化的名词概念充当破解难题的理论良方，却极少从他人视角换位思考，极少立足于最基本的常识和最根本的人情人性解析相应的疑难杂症。这种类型的教师，爱学但不善学，学习力有瑕疵。

真正的学习型教师会如何定义自己的专业发展呢？我想到了一位名叫欧小丽的老师在阅读我的某部作品后写的一段感悟："我喜欢这样的状态：在积极正向的轨道上，松弛自洽，散发出人性的光辉。"这句话令我怦然心动，瞬间便感受到一种美好与力量。由这句话，可提炼出支撑持久学习力的五大元素：积极，正向，松弛，自洽，人性。积极指向态度，正向指向目标，松弛指向方法，自洽指向认知，人性指向价值诉求。也就是说，真正的学习型教师，对待学习、生活等一切行为，一定持有积极乐观的态度，拥有正确的方向与目标，懂得张弛有度、劳逸结合，追求思维认知中的自得与自洽，尊重常识和最基本的人情人性。倘若一味下蛮力去阅读和写作，反而不利于养成真正的学习力。

没有人生而会学，学习力的有无与强弱，均取决于学习者自身对上述五大元素的认知与践行。认知与行动双向到位，学习力便会不断增强。

4. 学习力的激活或重构

每个生命，都有短时间内虚度时光的权利。

短时间的虚度，便是松弛，属于生命的自主留白。

不懂得留白的人生，试图为每一个缝隙都填满意义，结果往往只能收获无穷尽的杂乱；不善于留白的人生，则很难掌控这"虚度"之"虚"，或是过分虚空，终至虚妄，或是似"虚"实"实"，闪展腾挪的空间不足，放飞不了理想的风筝。

自洽则是一种高品质的生命诉求。教师学习力的强与弱，本质上取决于其认知是否自洽。自洽不但追求自我认知的不断深入和不断圆合，而且追求行动以及由此形成的反思的不懈探索与主动和解。自洽不是为自我放弃找理由，而是为不断向上攀登构建情感支柱。

教师学习力的激活或重构，都离不开此种自洽。自洽的起点是当下，终点是未来，二者却又无缝衔接，形成一种闭环。比如，从今天起，你渴望成为一位真正的学习者，未来的某个时间，你的确成为了一位真正的学习者，便是完成了一份成长中的自洽。自洽的关键不是开端与结尾，而是漫长的过程，是过程中恒常地付出与坚韧地探索。

被偷走了的学习力终究应该寻回，或者重新植入；陷入沉睡中的学习力终究需要激活，并且持久唤醒。此种寻回、植入、激活与唤醒，其主体只能是教师个体，其效能只能建立在教师个体对职业、对自身、对学生、对社会的自我定位之上。一位教师如果心中缺乏了对自身职业的认同与期盼，缺乏了对自身三十余年职业生涯的理性规划，缺乏了对学生健康成长的使命担当，缺乏了对社会发展的责任意识和公民情怀，必然也就丧失了滋养其学习力的应有养分。

什么样的养分才能真正滋养一个人的学习力呢？行动当然重要，建立在深度思考之上的行动才是最重要的元素。当我们清醒地认识到"小镇刷题家"对青春生命的侵损与伤害时，也理应清楚地认知另一个事实：重复性的智力劳动（比如授课、批阅作业和试卷、与学生谈心）同样难以催生中小学教师的可持续的学习力，唯有创造性的智力劳动（比如学习新理论、探索新方法、解决新问题）才能不停歇地拓宽眼界、润泽情怀、提升能力、形成智慧，助力中小学教师成长为具有较强学习力的学习型甚至学者型教师。此种创造性的智力劳动中，创造不是漂亮的装饰词，而是"学"中"习"、"习"中"学"的双向付出。创造离不开实践，更离不开深度思考基础上的实践。

教育是一份事业，教师是一份职业，要用这个职业承担起这份事业的重任，最长情的告白只能是创造，是那种扎根于灵魂深处的永不停歇的更新与重构。创造勾连着学习、实践、反思与自主性修正，影响着教师的学习力。在倡导建立学习型社会的时代大背景下，成为学习型教师已然属于每一位教师的责任担当。唯有学习型教师，才有可能引导学生成为学习型学生，才能一步步走出单纯应试的认知泥淖，在更广阔的生命视野中追求更好的生存之道、生活之道和发展之道。

第二节

学习力的输入与输出

有一句话,很有趣味:"真正会上班的人,是带薪养生。"

什么是"真正会上班"?当然不是指按时上班、准时下班,既不占单位的便宜,也不让单位揩自己的油,也不是指用最少的智力或体力消耗换来最大的物质回报或职务升迁,而是指能够利用"上班"这个行为最大限度地激活自身的各种正能量,使自身始终以饱满的精神状态、乐观的生命态度、旺盛的工作热情、强烈的好奇心、不懈的探究欲投入到常态化的工作之中,在寻常中发现独特,在平凡中追求卓越。能够这样做的人,绝不属于"打工仔",也不属于"上班族",而是属于"创奇者"。

"带薪养生"之"养生",亦不是网络以及电视上与各种保健品紧密捆绑的"安抚五脏,调理阴阳"。"养生"之"养",固然包括了营养与保养,但更指向濡染与浸润,更着力于激活与生成;"养生"之"生",固然包含了物质化的身体与生命,但更关注精神层面的生活品质。工作中的"养生",归根结底就一种方法:滋养学习力,呵护好奇心,保持探究欲,用永不停歇的创新,为每一天提供一个崭新的注释。

1. 真正的学习是理解

美国学者林恩·埃里克森和洛伊斯·兰宁在教育理论著作《以概念为本的课程与教学:培养核心素养的绝佳实践》中,将人类的学习区分为"知道""理解""能做"三种类型,认为"知道"与"能做"均属于相对低端的学习行为，是由"具体"指向"具体"的"低通路迁移"。而"理解"则是建立在"具体"之上的"概括"，属于概括性理解。"理解"属于"高通路迁移"，是由"具体"中概括出"抽象"，然后在"抽象"中举一反三，应用于更多的"具体"。

以此种认知为参考，可提炼出学习力的三个层级：低层级的学习力，作用于"知道"，即以获取事实性知识为目的，以接受并领悟专家结论为评价标准；中层级的学习力，作用于"能做"，即建立在"学得"基础之上的"习"与"习得"，能将接受的事实性知识转换为程序性知识或策略性知识，但缺乏创新；高层级的学习力，作用于"理解"，即由具体的事实或者技能中总结出具有普遍价值的认知，并将此种认知应用于更为广泛的工作与生活之中，形成应对诸多难题的基本性主张和基础性技能。学习型教师需要的学习力，显然指向"理解"。

如果用佛家的"三境界"作比，似乎也可以推衍出有关学习力的层级差异。"看山是山，看水是水"式的学习，关注的是孤立的、静态的、碎片化的知识。此类知识固然属于一种显见的客观存在，但与学习者并未构成彼此间的驯养，也就只能停留在"我知道那儿有一座山，有一条河，山上有很多树，水中有很多鱼"的认知层面。"看山不是山，看水不是水"式的学习，则在于由具体中概括出抽象，得其意而舍其形，关注的是知识、技能、主题、过程背后的概念、概括、原理以及理论。此类型的学习，如九方皋相马，关注的是"千里马"的应有品格特征，而非外在形象。"看山还是山，看水还是水"式的学习，则是由抽象回归具体，举"一隅"而以"三隅"反，属于理解之后的应用，融会贯通之后的生成。此类型的学习，如武侠小说中的绝顶高手，手中无剑而心中有剑，随手捡起一截枯枝，也能发挥出绝世名剑的威力。

基于上述分析，可明白一个道理：终日与知识厮混在一起，并不一定意味着拥有出众的学习力。每天用十六个小时疯狂刷题的高中生，其学习力未必全然胜过每天学习时间不超过十个小时的小学高年级学生。倘若前者只"刷"早已掌握的各类型题目，却不愿意花费时间挑战未曾掌握的知识，后者始终以挑战的姿态探究一些未知的问题，即使前者在完成一套小学高年级试卷时固然可以获得满分，后者完成同一套试卷时出现很多知识漏洞，依旧可以武断地说，前者的学习力远低于后者。

将此例推及中小学教师的学习力时，同样的结论便出现了：终日手不释卷的教师，未必一定属于学习力出众的人。热爱学习和拥有超强学习力不是同义词，热爱学习者更容易拥有超强学习力，却不等于一定拥有超强学习力。在热爱学习和拥有超强学习力之间，离不开一座桥。这座桥的名字叫作"理解"。建立在理解基础上的学习，学习者的大脑便是一座高速运转的加工厂，输入事例、技能、主题，输出概念、概括和原理。缺乏理解的学习，学习者的大脑则是储藏室，看起来存入了很多，却不能生成新的内容。时间长了，储存的东西还难免出现过期或变质。

2. 学习中的取舍之道

在学习力与学习型教师之间，也存在一条河。修建在这条河上的桥，名字叫作"取舍"。

譬如，同样是学习围棋或者象棋，有人短时间内便登堂入室，有人沉溺其中大半生，依旧属于"臭棋篓子"，这便是学棋的学习力差异。

但若这围棋或者象棋的学习者同时拥有教师身份，是否意味着那位棋坛高手的教育教学能力一定远超"臭棋篓子"呢？答案就不确定了。毕竟，在时间与精力都有限度的语境下，学习力的强弱还取决于兴趣度与投入度，此长则彼消，很难两全其美。

如此，学习型教师便必然需要面对兴趣与投入的消长取舍问题。学习型教师虽不排斥多方面的兴趣爱好，留一份闲心感受生活的美好，却也不得不集中注意力钻研日常教育教学中的本职事务。"学习型教师"这个短语的中心词是"教师"，教师的学习，理所当然地要指向对教育教学的思考、探索与实践。

厘清了这个道理，再看学习型教师的学习力修炼，便会发现其内容必然指向教师应有的各类型专业知识、专业技能、专业情感、专业态度、专业行动以及专业交往，其方式必然指向自主研修为主、合作探究为辅。学习力固然存在着触类旁通的生成路径，但经由钻研围棋、象棋甚至麻将而迁移拓展至教育教学行为，其间存在的岔路过多，弯路更多，就算极少数人能够勉力抵达目的地，也势必多耗费了时间与精力。

即使是指向专业知识、专业技能等内容的学习行为，也依旧面对着必要的取舍。以教师的备课为例，有人致力于教学内容的融会贯通，有人着眼于教学活动的精巧设计，有人立足于课程内容结构化，探索能够牵一发而动全身的学科大概念，有人沉醉于创设真实性问题情境，将学生引入自主探究的学习情境之中，这四种备课方式的背后，必然存在着备课者认知力与学习力的差异，存在着备课者对教学内容以及相关课程理论的觉解差异。

为数众多的中小学教师，对上述问题尚未形成明晰的认知，体现在常态化的自主性教育教学研究中，便是相当数量的教师依旧将大量的时间和精力投放在来自教材的专家结论的告知之上，差异只在于有人依旧采用最古老的直接告知法——满堂灌，有人通过精巧的"问题串"由浅入深地激活学生的学习思维，有人借助于类比或拓展延伸引导学生在"举三反一"中实现深度理解。此三类教师已然存在着学习力的高下之别，但与拥有清醒课程意识的科研型教师、学习型教师相比，其学习力又不属于同一层级。

综上所述，教师的学习力只能建立在对所教课程的深度认知之上，只能建立在对教育教学本真规律的深度践行之上，决不能建立在"我觉得""我认为"的感性诉求之上。中小学教师唯有始终立足于课程、立足于常识、立足于身心发展规律开展体系化的实践，并在实践中不断强化理论学习，不断反思并修正自身行为，才能真正成长为合格的学习型教师。否则，便只能是"看起来像是学习型教师"。

3. 不可或缺的分析与判断

学习离不开认知、接受、吸纳、分析、比较、判断、推理、概括与理解，前面已经强调了概括与理解的重要价值，此处再强调一下分析与判断这两种能力。此两种能力属于学习力的重要组件，是构建学习中的"专家思维"的基本性元素。

绝大多数的专家结论，建立在专家思维的基础之上，但也有一定量的专家结论，未必经得住学理、逻辑或常识的推敲。问题的症结在于所有的专家结论都无可避免地受制于特定时代的社会发展态势，受制于人类认知所达到的高度。今天的学习者在面对前人的主张或结论时，便不得不分析鉴别，进而形成新的判断。

什么样的学习内容，需要在常态性的教育教学中分析与判断呢？

最宏观的课程目标与课程任务，决定着教育教学的发展方向，当然需要分析与判断。不是分析判断国家课程方案的真伪优劣，而是分析判断自身的教育教学行为是否与之契合。绝非所有的中小学教师都拥有明晰的课程认知理念，比如语文学科，就有半数以上的教师缺乏将一篇课文纳入课程体系之中取舍教学内容的课程意识，其教学只是"教文章"，不是"教课文"，更不是"用课文教""用课文学"。缺失了对课程目标和课程任务的理性分析与合理判断，便无法建构真正意义上的教师学习力。

中观层面的教学流程、教学活动与教学技法，也离不开教师的分析与判断。同样是参加一次教学研讨活动，有人对授课者的教学设计全盘接受，然后不加选择地复制到自己的课堂中；有人转换视角，不看教师呈现出什么样的精彩，只看学生绽放出什么样的思维光芒；还有人将这一节课的内容放到具体的学习单元或者学习模块中进行考量，探究其任务设置是否脱离了课程体系；亦有人从课堂观察的视角集中研究教师提出了多少问题、有多少学生回答了问题、每次问答占用了多少教学时间……教师听课中的这些差异性行为，背后也是不同的学习力在发挥作用。

将此问题推及教师的常态性备课，也可以感知学习力的影响。同样的教学内容，在互联网上能够检索到的教学设计甚至课堂实录成百上千，如何选出最适宜的那一个呢？有人选择最热闹的，有人选择最精彩的，有人选择名气最大的教师的，有人选择最符合自身口味的……当然也有人杂取众家而拼接成一个"什锦盘"，亦有人并不研究这教学设计或课堂实录是何年何月的产品，不关注其课程保质期，拿过来就直接充当自己的盘中餐。这如此多类型的教师，其学习力能够支撑其课堂教学的实际需求吗？

真正拥有出众学习力的教师会如何利用网络资源备课呢？

此类型的教师绝不会在备课之初便先阅读他人的教学设计或课堂实录，而是会对特定教学内容展开多视角下的多层级分析。通常情况下，首先是研读教材，确立教学内容在课程体系中的位置，明确相应的教学任务。然后依照特定的教学任务，从教学内容中寻找最佳载体。接着开始调动各种经验、各种理念，从无数种可操作的流程和设计中选取最适宜的那一个，带入眼下的教学任务中，设计出至少让自己满意的活动或者"问题串"。已形成自身的整体教学框架后，还会对若干细节进行推敲斟酌。万事齐备之后，这才需要到网络上找一找，看看他人对此教学内容有无更精妙的处理。只是，即使看到了足以拍案叫绝的设计，也未必立刻舍弃了自己的方案而"拿来"，而是带入自己的教学实际中，分析一下教学目标是否相同、教学任务是否相关、基础学情是否相近。只有在自身切实能够消化、吸收，进而转换为可灵活操控的程序时，才会将其有选择地应用到自己的课堂中。

备课如此，完成其他教育教学任务时同样如此。这样去做，才属于真正的学习型教师。

4. 在实践中螺旋攀升

教师学习力的形成与提升，既足以丰盈自身的情怀与理性，又能够服务于学生的健康成长。要达成此种目标，输入与输出同等重要。

"习"的本质是输出。由"学得"进入"习得"的过程，是将来自外部的各种信息消化吸收，经由自身经验的参与，生成新的理解，进而在实践中验证并推进此种理解的过程。教师的学习力不仅体现为"会学"，更应体现为"善习"。"习"不是复习、温习，而是实习、践行。学习型教师必须具备将进入大脑中的各种信息转换为优质生产力的能力。

能将整部作品从头到尾背诵下来，只能证明记忆力惊人，不代表真正读懂，更不代表学习力出众。金庸先生的《射雕英雄传》中，东邪黄药师的妻子过目不忘，仅仅用一个多时辰加一盏茶的时间将江湖绝学《九阴真经》读了两遍，便能一字不差地背诵出来，更能在时隔数月之后依旧默写出其中的七八千字，但她一点也不会使用，这便算不得拥有真正的学习力。因为她只有输入，没有输出。

赵括式的纸上谈兵，亦算不得拥有真正的学习力。陆游说："纸上得来终觉浅，绝知此事要躬行。"洞悉事理却不能将其转换为具体的实践，只是空头理论家，而非实践者。

《天龙八部》中的王语嫣，熟知各门各派的武功秘籍，见到对方的第一招，立刻就能预见其第二、第三招，同时迅速给出破解的招式。王语嫣的这份能力又在黄药师的妻子之上，但这依旧算不得真正的学习力，因为王语嫣自己缺乏内功修为，只会说，不会做，遇到一个只有三脚猫功夫的宵小之徒，都只有束手就擒的份儿。

真正的学习力必然体现为能够并善于实践。落实在学习型教师的塑造上，便是一切输入信息必须能够合理化输出，必须能够作用于具体的教育教学实践，必须将从外部获取的最好的理论、最透彻的理解、最精妙的技法应用到课堂之中，引领着几十位学生共同思考、共同发现、共同感知。此种输出，属于加工与选择之后的输出，属于伴随着即时性生成的输出。这样的输出过程中，教师同时也在输入，在吸纳。比如教学中的灵光一闪的顿悟，教学对话中由学生个性化认知而形成的新思考等。

这便形成了一种良性的循环。在此循环中，教师对教育教学理论的认知日渐丰富，对教育教学技能的积淀日益深厚，自身的生命不断丰盈，自然也就能稳步提升自身的教学力，用最少的消耗，给予学习者最大的启迪与收益。

第三节

学习力的养护之道

教师的学习力是拥有保质期的。

前面已然说过,在教师的专业发展过程中,最容易招致学习力过期的因素,就是很多人孜孜以求的经验。经验如果不和理性相结合,不接受时间与实践的反复打磨,必然会成为"成事不足,败事有余"的"鸡肋"。

经验之外,还有一些因素也会影响学习力的保质期,比如社会环境、物质待遇、学校文化、评价标准、成长愿景等。这些因素中,前五种都如同气温,教师个体无法掌控,唯有成长愿景一项,生长在教师的心灵土壤之上。

如何才能最大程度上养护教师的学习力,使其在三十余年的职业生涯中永不变质、永不归隐呢?最根本的方法不过四种。

1. 养理想以润泽灵魂

各行各业,真正出类拔萃之人,一定属于理想主义者。理想主义者最显著的特征,在于明知现实人生中存在着诸多的难如人意,却始终相信可以通过自身的努力,收获一份"应该如此"的生活答卷。为了实现这样的目标,理想主义者往往以"上穷碧落下黄泉"的执着,寻觅改造现实的强大力量,四处求索,广泛探究,生命不息,行动不已。

教师群体中亦不乏这样的理想主义者。往源头处看,那个在列国的大地上辗转跋涉,四处碰壁却痴心不改的长者,或许可称其为教育理想主义者的祖师爷。至于九十余年前在灾难深重的神州大地上渴望借助乡村教育改革

"挽狂澜于既倒"的陶行知、晏阳初们，四十余年前从文化废墟上走出、用羸弱的肩头扛起一个时代的新希望的斯霞、于漪们，二十余年前立身于互联网的潮头、探究用幸福完整的教育生活取代"提高一分，干掉千人"的浮躁与虚妄的朱永新以及新教育实验的探索者们，谁的血管中流淌的不是超越于世俗浮名浊利的使命与担当？教育理想主义者不满意于所处现实教育情境的蝇营狗苟，便义无反顾地挺身而出，以"天下兴亡，我的责任"的胸怀与气概，投身到改造甚至变革的具体行动之中。

如果以后期成就看上述诸贤，难免形成一种错觉：理想主义者生而非凡，起步处便注定与众不同，辉煌灿烂。但这是一种百分百的误解，即便是圣贤，也由肉身凡胎起步。后天的成就，只来自高远理想的激励，来自激励中形成的自律与自觉，来自伴随着自律与自觉而与日俱增的学习力。

人，需要理想作为生命支撑物。教师的理想未必是"修身，齐家，治国，平天下"，也未必是"为往圣继绝学"，甚至未必一定是成为教育家、大先生。教师的理想可以更贴近现实人生的价值诉求，可以更关注尘俗世界中值得追求的荣光与成就，但不能太短视、太现实、太功利。理想的本质是种子，当其只是种子时，不要奢求它以参天大树的方式存在，但要鉴别并挑选，确保它是参天大树的种子。

树的种子一定能长成参天大树吗？当然不是。理想与空想的差异，在于"理"属于动词，指向对事物内在规律的剖析、认知、觉解与践行，而"空"无论是作为形容词还是动词，其内核都难以填入扎扎实实的行动。所以，要让理想变成现实，必须辅之以合乎规律的行动，就像让树种成为大树，必须辅之以合乎规律的养护。

这是一种双向的成全。一方面，合乎规律的行动让理想得以茁壮成长；另一方面，成长的诉求又反过来推动行动者不断提升养护能力，以期形成辨识规律、践行规律的持久学习力与行动力。将其转换为教师的专业发展，便是教师的教育理想必然离不开合乎教育规律的具体教学行为的支撑，又反过来助推教师不断强化自身的学习力，不断探究教育教学的更深层次的规律，从更宽广的视域认知教育、理解教育、完善教育教学行为。

当我们这样思考、这样行动时,就算当下只是一张白纸,也足以预约一幅值得期待的美好画卷。

2. 养浩然气以充盈肺腑

孟子曰:"我善养吾浩然之气。"

东坡居士说:"一点浩然气,千里快哉风。"

浩然气与学习力、学习型教师之间存在着必然性联系吗?我以为答案很唯一:有且仅有。

二十年前,我发表过一篇文章,题为"做一名'五心级'语文教师",倡导语文教师拥有圣心、雄心、佛心、慧心和闲心。如果将上一节文字阐释的教育理想视作教育者的雄心,则此处所谈的浩然气便属于一份亟须修炼的圣心。圣心属于"虽不能至,然心向往之"。在这个假设关系的复句中,"不能至"仅是一个让步假设,圣心绝非无法达成的目标。

教师的浩然气是什么?

最基础也是最根本的浩然气,应该是大格局、大境界。人皆生活于特定的格局与境界之中,格局的高下、境界的大小,非但影响一个人的成就,而且影响一个人的性格操守。教师的大格局、大境界未必需要体现为"先天下之忧而忧,后天下之乐而乐"的家国重任,但必须体现为视教育为一份值得追求的事业,视学生为独特且鲜活的生命,视自身为勇于承担并能够承担使命的公民。有大格局、大境界的教师,才能透过现实的诸多不堪坚守住为师者的应有道德,才能舍得下尘俗的诸多利益,潜心钻研教育教学的本真规律,才能承受得住世俗评价中的诸多非议与诋毁,在头破血流中依旧歌唱着前行。这样的教师极为稀少,但从未消失。

悲悯与敬畏,也是构成教师浩然正气的两大情感支柱。教师的悲悯,体现为对人性扭曲的强烈自责,体现为对弱小者误入歧途的深刻忧患,体现为对他者"不求有功,但求无过"的批评与唤醒,亦体现为对特定时代的群体性价值错位的揭露与疗救。教师的悲悯,不是陪着弱者一同流泪,而是为弱者注入力量,帮助他们成为强者。教师的敬畏,体现为敬畏教育规律,敬畏成长法则，敬畏有良知者的一切付出，敬畏有使命担当者的所有探索、所有牺牲。

鲁迅先生的小说《药》中，夏瑜因为拥有悲悯与敬畏，才会说红眼睛的阿义可怜，才会献出生命也要推翻黑暗的社会。鲁迅先生自身更是具有大悲悯与大敬畏，才会透过"人血馒头"的闹剧看到民族衰微的病根，才会以笔为枪，誓与一切黑暗斗争到底。真正的悲悯与敬畏，建立在情感持有者对生命以及社会的洞见之上，建立在对理想人生、理性世界的长久性思考与长期性探究的基础之上，其间必然无法脱离学习力的长期加持。

当下社会中，从事基础教育工作的一线教师当然无须用鲜血和生命来展示自己的大格局、大境界、大悲悯、大敬畏，但若无真正的学习力，不懂得辨识、理解与践行，则极容易滑入单纯应试的泥淖，被某些似是而非的主张遮蔽了心性，不但丧失了基本的格局、境界、悲悯、敬畏，甚至走向反悲悯、反敬畏的邪路。死灰复燃的"吃得苦中苦，方为人上人"之所以能在最近的几十年间化身为各种美丽的形象诱惑着无数的人，就是最典型的例证。当我们的教师不再承认成长中的差异，不再认同人的价值的多样性，不再允许学习者关注试卷和分数之外的大千世界，不再真正倡导"风声雨声读书声声声入耳，家事国事天下事事事关心"时，自然就会推崇"抓高考要抓出血来"，自然就会教学生"现在多吃苦，考取大学就可以尽情玩游戏、谈恋爱"，自然就会热衷于抢占时间、用最多的消耗换来自己所教学科的稍高平均分，并视自己的行为是对学生负责、对学校负责、对教育负责。

责任在何处呢？教师的责任如果仅仅停留在将别人碗中的饭食抢到自己的碗里，哪里还有什么大格局、大境界、大悲悯、大敬畏？此种抢夺，自然也不需要教师的学习力，仅有蛮力和些微智力即可完成。

3. 养好奇心以拓展视野

没有好奇心的教师，注定不会成为卓越教师。

教师的好奇心未必全部指向对教育教学视域内的诸多问题的凝望、思考与探索，但一定不会全然超越日常的工作与生活。真正具有好奇心的教师，即使是面对每日必见的熟识景致，也依旧会从点滴变化中生发新的思考，进而付之以新的探究。

判断一位教师是否具有强烈的好奇心，可从其备课、授课的细节中获取结论。

比如，备课时只考虑教什么而不思考如何更好地教，遇到有疑问的内容时不展开深度探究而是只"搬运"相关资料上的解读，遭遇未知的信息不检索资料、不求助外部力量而是以考试不考为理由轻易放弃……凡此种种，都属于好奇心缺乏。

教师授课中的诸多细节也足以推定其是否具有好奇心。例如在探究某一知识点时临时性生成了意料之外的精彩，或者是遭遇了思维的阻滞甚至割断，有好奇心的教师便会在课后仔细研究得与失背后的多方面原因，力求从学理上弄懂背后的隐藏信息，无好奇心的教师则习惯于"得之不喜，失之无忧"，全无情趣寻觅现象背后的本真规律。

好奇心的有无与强弱，对于教师学习力的形成与养护至关重要。无好奇则无探究，无探究则无持久性的学习投入，无持久性学习投入则无多视角、多层级的分析、概括与理解，自然也就无法形成真正的学习力。

三年前，我在教学高中课文《促织》时，突然发现文中有两处细节构成了认知上的相互矛盾。如果仅从应试的角度看，这前后文间的矛盾既不影响文言虚实词的积累，也不影响文言词句的翻译、文化常识的积淀，甚至不影响《促织》的文学价值。但我既然发现了这个瑕疵，便想要弄明白个中原委，于是开始查阅各种资料，前前后后折腾了一个多月，阅读了数十篇有关《聊斋志异》研究和《促织》赏析的论文，比较阅读了四种版本的《聊斋志异》。终于，我发现了教材选文在版本选用上的错误，进而写出了针对这两处细节展开学理解析的论文。

这个例子完全可以证明好奇心在教学研究上的独特价值，也可以间接证明好奇心对学习力提升的积极影响。我在这次研究过程中，就因为好奇心的推动，完成了一次综合性的微课题研究，不但提升了资料检索、信息比较、学理阐释等能力，而且强化了作品阅读中的版本意识，强化了古典文献阅读中的考据意识。这些能力与意识，都是我从事教科研不可或缺的学习力。

也许有人会说：这样的好奇和研究有什么价值呢？你将这研究成果告诉学生，反而会增加他们的学习负担，甚至会影响他们的考试成绩。持有此种观点的教师显然不会在自己的教育教学实践中开展这样的探究。他们要么是从未想过教材中也会存在问题，要么是虽然也能够发现这样那样的问题，但都以"考试不考"这一理由"理直气壮"地放弃思考与探究，转而照搬照抄教辅资料上现成的认知。教师一旦养成了这样的认知甚至习惯，必然伴随着教科研能力的弱化甚至丧失。

我们有时会在网络上乃至生活中见到这样的"黑色幽默"：学生对某道试题的答案产生怀疑时，老师依照手头的参考答案给学生做详细讲解，引经据典，条分缕析，终于说服了持有怀疑观点的学生。事后却被深入研究了该题目的同事告知答案是错误的。

此类型的教师在现实的教育生活中并非少数。形成此种尴尬的根由，不就是好奇心和学习力的双重匮乏吗？

中小学教师是离不开好奇心的。有了好奇心，才有情趣学习他人，才有意愿探究常识与规律，才会在遭遇各种教育教学问题时穷根究底，才会在遭逢灵感时及时捕捉并纵深探索。一名教师如果能始终以好奇之心观察身边的万事万物，以强烈的探究欲支撑脚踏实地的研究，其学习力必然稳步提升，必然能够成长为一名学习型教师。

4. 养行动力以完善认知

之所以要将行动力放在最后，一是因为所有的理想、浩然气和好奇心都只有和具体的行动相结合，才能转化为真正的学习力，二是因为如果没有了理想、浩然气和好奇心的引领而只强调行动，势必会偏离教师专业成长的正确轨道，将中小学教师带入无穷尽的烦琐事务之中，曲解了行动力的真实意义。我所倡导的行动，只能是建立在丰厚的教育理想、充沛的浩然气、强烈的好奇心基础之上的教育教学实践，绝不是"只要学不死，就往死里学"的教育暴力。

行动力的价值阐释自是无须多论，古今中外的学者就此论题留下的名言警句不胜枚举。我想要探究的，只是行动力与学习力间的互动关系：学习力可以为行动提供最佳动力，行动力也可以验证并丰富学习力。

关于教师的行动力，有几个不等式需要关注：

其一，行动力不等于执行力。不顾指令的对错而不折不扣地执行，这样的行为只体现执行力，绝不属于行动力。执行力与行动力的本质差异，在于执行力强调主体对外部指令的落实，行动力则强调主体对自身认知的践行。行动力必须确保行动主体思维在场，而且这"在场"的思维必须合乎教育教学规律，开展的行动必须是规律引领下的行动。

其二，行动力不等于探究力。所有的探究行为，都可以归结为特定的行动，探究力却不可归结为行动力。探究力更多关注主体对未知信息的预测、推演、梳理和验证，指向未来的某种可能；行动力更多关注既定目标的落实、调整、完善和践行，指向当下的积极建构。有良好探究力的人，通常也具有良好的行动力；有良好行动力的人，却未必拥有良好的探究力。

其三，行动力不等于辨识力。辨识力指向对事物内在规律的比较、区分与界定，以类比、对比为主要行为方式。辨识力的价值，在于透过各种纷扰，准确筛选最符合自身研究需要的那部分信息，用以引领自身的行动，支撑自身的主张，完善自身的认知。辨识力的灵魂是"思"，行动力的灵魂是"行"。

其四，行动力不等于学习力。学习力侧重于"输入"与"吸纳"，行动力侧重于"输出"与"落实"。良好的学习力可以不断提升主体的行动力，良好的行动力也可以不断提升主体的学习力。行动力与学习力的相互激励，有利于建构主体由"输入"到"输出"的全过程的认知理性与行为理性，推动主体在正确的轨道上稳步前行。

什么才是中小学教师应该持有的行动力呢？在我的认知范围内，我觉得至少应该体现为下述四类：

第一，基于真正的教育理性的课堂实践。按照教学计划有条不紊地组织各种教学活动，只能展示教师的执行力，无法呈现其行动力。中小学教师的教学行动力必须建立在对教育教学本真规律的深刻认知的前提之下，体现为教师为了更好地完成自身的教育教学任务而积极主动地开展教育教学研究。教师必须知道自己在课堂上的一切行动的目的与价值，必须为了多快好省地实现目的与价值而精心选择最佳教学方案，开展最具思维启迪性的教学活动。教师只有知道自己要做什么、为什么要这样做、如何做更有效益，才能避免行动中的盲目性，才能有目标、分步骤地提升自己的教学力。

第二，指向学习者真实成长需要的问题探究。行动力的养成与提升，离不开教学这一具体抓手。教学的关键又在于学生的健康成长。这便决定了教师的行动力必然重点作用于学生的当下成长需要和未来发展需要，以创设积极向上、健康和谐的成长环境为根本。很多教师将中小学生的当下成长需要狭隘地理解为升学需要，这是对教育的最大误读。只有远离了逼迫学生疯狂刷题的简单应试思维，代之以尊重个体差异、培养健全人格心理的教育行为，才能助推中小学生成长为真正的学习者。

第三，指向教师自身成长需要的自主建构。这是至关重要却又极易被忽视的一项教师行动力。此项行动力包含了三大要素：定向，赋能，践行。学习型教师的专业定向只能是持久性的专业阅读、专业写作、专业交往，其行动力必然指向这三个方向。三者中，专业阅读以"输入"为主，专业写作以"输出"为主，专业交往则既有"输入"也有"输出"。

专业赋能也是"输入"与"输出"的结合体。其中需要的行动力既体现为吸纳教育教学的理论，探究教育实践中的得失，又体现为给予学生正向的引导，给予同事以及学校正向的促进。

专业践行的核心诉求在于专业。"专业"的精髓在于遵循规律，敬畏成长，敬畏生命。专业践行中的教师行动力，绝不指向二十四小时的严防死守，亦不指向牺牲自我、照亮他人，而是指向知识结构的自我完善、情感诉求的自我丰盈、教育技能的自我更新。

第四，指向美好价值诉求的参与和融合。在具体的教育教学活动之外，还有无限美好的生活需要经营。教师的行动力同样离不开这大千世界的缤纷生活。只是，此方面的行动力重在取舍，重在将生活中的各种体验转化为教师自身的认知经验、行为能力以及正确的情感态度,切不可脱离了"教师"的身份属性,偏移到对其他技艺的深度投入之中。

厘清了上述四点,学习力才从源头到终点都保持了正向的力量,助推教师成为名副其实的终身学习者。

第四节

成为终身学习者

在《记黄鲁直语》中,东坡居士记述了黄庭坚的一段话:"士大夫三日不读书,则义理不交于胸中,对镜觉面目可憎,向人亦语言无味。"老师将学生的话语如此认真地记录下来,除了提携后进之意,亦足见其对此种终身学习观的推崇。

苏轼与黄庭坚对待终身学习的态度,折射出的是士大夫阶层严于自律的精神品质。士大夫们视天下兴亡为不可推脱的神圣使命,自然也就时刻保持一份高度的警觉,监督自身永不停歇地学习。正因为如此,凡彪炳史册的士子,一定是终身学习者。

将黄庭坚的主张援引到教师的学习力建构与养护上,便是教师必须坚持自主化学习,用文字夯筑自身的专业发展台阶。这份学习绝不能因为经验的丰富、技能的提升、视野的拓展以及名利的获得而驻足不前,只能以"日拱一卒"的坚持,求取"功不唐捐"的果实。

人生就是由无数个"三日"拼接而成的生命传输带,任何一个"三日"的割断,都会影响传输的效能。中小学教师要想终身明白教育教学的"义理",始终拥有高贵且可爱的师者仁心,始终拥有出类拔萃的才识与表达,不二法则就是终身学习。唯有终身学习,才能在课程改革中永不掉队,甚至始终走在前列。

1. 自满是终身学习的最大阻力

在我近四十年的职业生涯中，经历过四个重要的专业成长节点。一是工作十八年后的 2004 年，接触到了朱永新先生的新教育实验团队；二是工作二十一年后的 2007 年，接受了课程论的影响，确立了教学中的课程意识；三是工作二十五年后的 2011 年，建构了"丈量文本宽度，营造课堂温度，拓展思维深度"的"三度"语文教学主张，致力于打造"知识在场，技能在场，生命在场"的课堂教学范式；四是工作三十二年后的 2018 年，全面接纳新一轮课程改革的相关理论，集中精力探究大单元整体化教学。

我并不清楚这四个节点区分出的四个成长阶段在结构上是何种关系，却知道每一个节点内，都构成一段由"空"至"满"的生命故事。"空"是事实上的无知，也是认知上的自知；"满"是教育教学认知的丰富与完善，也是情感态度上的自得、自满甚至自负。如果说我在教育教学中还算取得了些微成绩，起关键作用的不是"满"，而是进入下一个节点后的"空"。这个"空"，是自主性的清空归零。

人皆生活于由"空"至"满"的历程中。当自身的容器不够大时，"满"的目标便很容易达成。"满"而不善于清空归零，甚至以"满"自傲，也就永远只能守着一个小器皿沾沾自喜，在坐井观天中日渐迷失、日渐膨胀。

教师专业发展中的自满，可区分为三种情况：

一部分教师的自满，建立在未成年人与成年人间的认知经验的落差之上。以成年人的知识积淀与人生经验，应对中小学生（尤其是低年级学生）的文化知识诉求，难免产生居高临下的心理优势。更重要的是，此种心理优势长久存在于具体的工作情境之中，即便是数十年间不进行必要的知识更新，也依旧可以保持。

一部分教师的自满，建立在既有工作成绩和特定评价的落差之上。比如，同样是"90 后"教师，有人短时间内就成为了学校的把关教师，进入了管理团队，收获了诸多荣誉，有人却始终默默无闻。两相比较，前者就容易自满。

还有少部分教师的自满，建立在功成名就的事实之上。这种类型的教师，经历了若干年的学习与成长，无论是世俗的荣光、社会的评价，还是自身的才干，都远优于他人，成为名副其实的精英与翘楚。当其所到之处皆是鲜花与掌声相伴时，也难免会有"提刀而立，为之四顾，为之踌躇满志，善刀而藏之"的自得与自满。

自满一定是个贬义词吗？当然不是！如果自满的同时亦保持了自省，想着不断增大自己的容器，求得更大的自满，则这样的自满便是专业成长的恒动力。赋予自满贬义色彩的，其实是自满之后的自欺与自弃，是沉溺于既有的荣光而裹足不前。

所有的学习，都建立在不满足的前提之下。教师自身持有的容器越大，也就越不容易满足，也就越渴望学习，渴望用更多的思考与发现填充这个思想大容器。教师的学习力是填充思想大容器的动力源，容器中留下的空间越大，动力输入就越长久。

万一容器无法增量，又该如何？

那就清空，除旧布新，归零重构，始终保持内容的新鲜，始终增强生命的活力。如此，教师的学习力依旧可以长久保持。

2. 年龄从来不是放弃学习的理由

很多年前就在想，如果我退休了，该做些什么呢？

那时，最想做的事其实只有一件，就是捡起遗失多年的文学梦，写一部能够真实呈现当下中国高中阶段县中模式下师生生活的小说，不虚美，不隐恶，既展示人的扭曲，又呈现理想主义者的抗争。

现在，退休在即，却又多了一个心愿：尽绵薄之力，为中国多培养几个有理想、有情怀的中小学教师。

为了这后一个心愿，我开始加盟新的团队，开始学习新的培训形式，开始钻研新的教育教学理论，开始策划各种形式的主题活动，开始东奔西走，做一个"擦星星的人"。

有人说，你也算是功成名就了，干吗还要这样卖命？我一点也没觉得我在"卖命",而是觉得我在享受,享受一份能够依照心愿做事的生存环境,享受一份不断探索新知识、不断学习新技能的行走方式,享受一份始终昂扬向上、乐观进取的生活诉求。

我始终不觉得年龄、资历与荣誉是学习的障碍。一名教师如果四十岁就开始躺平,就只依靠老经验应对教育教学中的各种问题,最终一定会活成自己曾经极其憎恶的模样。反之,锁定一个目标,以欣赏者的姿态从各个角度观察,以研究者的心态从多个层面分析,则无论你是二十二岁的新教师,还是四十四岁的壮年教师,或者是六十六岁的退休教师,便都能如我一样享受思考与发现的快乐。

2024年暑假时,我受邀担任新教育网络教师发展中心(以下简称"新网师")"理想课堂"线下工作坊的指导教师,带领四十余位教师研究教育写作。在我的团队中,年龄最大者六十三岁,退休前是一所重点高中的校长。年龄第二大者五十六岁,一位省特级教师、正高级教师,同时还是所在地教育局党组成员,享受副局长待遇。如果从世俗价值的视角而言,这两位老师有什么必要顶着高温学习教育写作呢?她们一不需要评职称,二不需要跟别人比拼升学率,三不需要用文章装饰颜面,但她们偏偏就坐在教室里认认真真地学习了五天,做笔记,写作业,参加各种活动。

在最年长者交给我的生命叙事作业中,我读到了这样一句话:"年龄从来不能束缚一颗向上的心。"这话多精彩呀!退休后的学习早已告别了一切的功利诉求,追求的不过是最单纯也最高尚的"向上的心"。

谁不需要"向上"呢?"向上"才能获取更多的阳光,"向上"才能见到更多的风景,"向上"才能努力挺直腰杆,"向上"才能不忘来处,努力扎根。谁见过一棵树会因为树龄长了便拒绝"向上"?从"向上"这一点而言,所有的树都属于"生命不息,向上不止"。人呢?教师呢?凭什么年龄大了便可以放弃"向上"?

当然,未必需要所有的教师都在退休以后依旧以极高的热情投身于专业学习。不教书而研究教学,归根结底也只属于个人爱好,而非工作或事业。退休后的学习完全可以换一个频道,进入另一个节目。但尚未退休的教师却没资格换频道,只能锁定了"向上",用持久的学习换取持久的成长。

忽然想起了我为工作坊撰写的"班训":"雀飞三丈,鹏翔九霄,各尽所能,力求最好!"人与人之间存在这样那样的差异,当然不能要求所有人都取得相同的成就。焦点在于无论你是"雀"是"鹏",你真的竭尽全力去飞翔了吗?总不能说,我是一只"老雀"或者"老鹏",就有资格放弃飞翔吧?

3. 在目标正确的前提下勤奋耕耘

我下了半辈子的中国象棋,依旧属于"臭棋篓子"的水平,何以如此呢?因为我从未想着将它作为一个值得深度研究的项目,从未像真正的中国象棋研究者那样潜心打谱、实战验证。中国象棋于我,不过是一种可有可无的消遣。

专业成长何尝不是这样呢?将专业成长视作值得终身追求的一份事业,才会全身心、全过程投入到对内在规律的探寻之中,才会始终保持学习的姿态。一旦弱化了对专业发展的价值期待,只将其视作一份谋生的工作,必然也就削减了学习的热情。

由这一点而言,教师专业成长中的目标定位注定也会影响其日常教育教学生活中的行动。目标定位出现了偏差,随之而付出的行动也就丧失了应有的价值;目标定位过于浅近,为之而采取的行动同样也会简单、直接。

最近十余年间,因为教育公益培训,我结识了天南海北的众多教师,其中不乏既有理想又有热情与行动的教育探索者。但我也发现,相当数量教师的目标定位存在缺陷,致使其理想、热情与行动未收到预期的成效,其中最典型的例子就是教科研。比如,在新教育实验团队中,为数众多的教师以极大的热情坚持教育随笔的写作,一写就是三五年,却并未构成认知思维以及教育教学技能的综合提升,其原因就在于目标定位出现了偏差。很多人就是为了完成每日一千字的约定而写作,至于为什么要写、围绕什么样的主题去写、如何结合具体的教育教学问题研究着去写、如何将思考探究的内容在现实的教育教学中进行验证和修正,就缺少了成体系的思考。这样的教育写作，训练不出应有的学习力。

终身学习者应该如何开展自己的教育写作？或者说，如何利用教育写作建构教师的持久的学习力，助推其成为终身学习型的教师呢？

首要之处，在于形成长久且正确的专业发展目标。教师不是作家，不是纯粹的教科研工作者，教师的教育写作不是为了教化他人，而是为了自我修炼、自我提升。明白了这一点，才会思考教育写作与专业发展的互动关系，才会依据专业发展的需要而选择教育写作的方向与内容。这样去做时，教育写作才能构成专业发展的真正动力，才有利于形成教师的持久的学习力。

在目标正确的前提下，才需要投入时间和精力去探索，去耕耘。在此过程中，要善于将宏大目标依照教师的专业发展规律分解为若干个层级的具体任务，依照不同的任务开展不同的行动。切不可跟着感觉走，或者跟着别人走。在教师的专业发展过程中，"从众"不是好方法。

需要强调的是，"目标正确"并无恒定的评判准则，更不是外部行政力量的生硬设定。教师的专业成长目标始终属于因人而异之物。同样是优秀教师，甲教师的专业发展目标，未必适宜于乙教师。决定专业发展目标的要素，一是既有学养，二是未来需求，三是主客观环境。正确的成长目标，是这三要素支撑起的生命灯塔。

4. 专博结合，以专为主

曾有专家建议，中小学教师要先做杂家，后做专家。

如果从应对中小学生的好奇心以及五花八门的问题的角度而言，教师当然应该是杂家。唯有各方面的知识都懂一些，才能及时解答学生的咨询，才能在多方面给予学生必要的引导。

但真正的教育并非指向单向的信息传递，而是指向自主学习能力的养成。这便告诉我们，真正合格的教师无须直接给予相关问题的具体答案，而是要引导学生通过信息检索、比较分析、实践验证，在自主化的探究中收获研究成果。也就是说，教师未必需要知晓学生提出的问题的详尽答案，但必须知晓如何引导学生借助各种工具获取信息，必须知晓如何指导学生在诸多信息中筛选整合，形成有价值的认知。

这便不再是"杂"，而是真正的"专"。这个"专"，不指向专业知识，而是指向专业技能，指向"如何教"这一根本。

我们所置身的时代正随着信息技术的快速更迭而呈现出日新月异的变化，中小学生获取各类信息的渠道近乎无限丰富，其形成的认知、思考以及相关意识，总是以远超我们认知经验的速度向前发展，于是"如何教"也就始终处于变化与发展之中，始终要和外部的信息技术的更新相适应。面对这样的"专"，稍不留神，教师就会成为门外汉。

故而，即使只从站稳课堂的角度看教师的终身学习，至少在未脱离教学岗位之前，任何一位教师都必须始终保持学习力，关注变革，探究方法，提升能力。此种学习难免涉及信息技术等多种跨学科性质的知识，但其根本不在于掌握这些跨学科知识的内在原理，而在于能够利用它们服务于具体的学科教学，服务于学生的成长需求。

我曾在一篇文章中感慨：三十年不变的语文课，你还爱它吗？一篇课文，三十年前的内容取舍和三十年后完全一致，三十年前的教学技法也和三十年后完全一致，这是传承还是守旧？20世纪末和21世纪初的三十年，是信息技术突飞猛进的三十年，各行各业的实操性技术都出现了翻天覆地的改变，为什么课堂教学一点不变？不变，不是因为不需要改变，而是教师的认知未能跟上这社会的变革，是教师在"如何教"上缺乏持久的研究。其根源则是教师终身学习力的不足。

教师的备课也是如此。互联网未曾普及的年代，课堂是学生获取知识信息的唯一途径。当下，所有的陈述性知识只要利用网络稍作检索，便都可以迅捷获得，教师还有必要花费大量的时间，将随处可以获取的信息告知学生吗？互联网背景下如何备课，也足以构成教师专业成长中的"专"。这个"专"，同样离不开终身学习，离不开必要的学习力。

第二章　读思得丰盈

善于思考的学习型教师，脑海中永远沸腾着"十万个为什么"：为什么这个学生行为如此乖戾？影响他性格与行为的要素有哪些？为什么这个教学设计看似很完善，实际教学效果却仅仅是差强人意？为什么学校要提出这种教学新要求？其背后的课程依据是什么？为什么这位同事会这样组织教学活动？如果换一种方式效果是否更好？……诸如此类的思考或许未必能够寻觅到理想的答案，但唯有始终处于此种思考状态之中，才会不断激活自身的成长欲念与学习力，才会始终保持对教育教学的探究热情，才会为了更全面地认知问题而主动开展专业阅读和专业写作。可以说，没有持久性的教育思考，便没有持久性的专业阅读。

第一节

专业阅读中的取舍之道

在我担任导师的"新网师"卓越课程班中，一位学员在微信上向我吐槽："为什么这次推荐阅读的著作我越看越抵触？是我对教育教学的理解出现了问题，还是这本书中的内容本身有问题？"

我回复："三种可能吧。第一种可能是你持有的课程观还停留在上一轮课程改革的认知之中，理解不了本轮课程改革的要旨；第二种可能是作者对相应理论的阐释缺乏必要的案例支撑，缺乏足够的说服力；第三种可能是你和作者都没问题，只是你喜欢川菜，作者呈现的是淮扬菜。"

此三种可能，关乎所有的阅读者。阅读者与书籍之间的关系，一如人与人之间的关系。有人可以一见如故；有人始终白首如新；有人初时相亲相爱，其后却渐行渐远；有人开始时彼此漠然，相处之后才发现意趣相投，终成莫逆。

但此三种可能，大多建立在感性体验的基础之上。感性化阅读时，较多关注作品的表象信息，关注这些信息是否和自身的审美情趣相一致。比如有的读者喜爱《红楼梦》的细腻、温润与悲凉，却不接纳《水浒传》《三国演义》的粗犷、雄健与暴力。

理性的、研究性的阅读则不是这样。倘若你是一名专门研究明清古典小说的学者，你便能够跳出对《水浒传》《三国演义》的感性认知，从文章、文学、文化的视角，用放大镜和显微镜去一节一节地研读，不但能读得进，而且能读得透。

从这一点而言，对作品持有的态度，不但取决于读者的鉴赏口味，而且取决于读者的目标诉求。只有将作品视作一个研究对象，才能与其形成深度对话。

1. 从可理解、可吸纳处起步

每年的"世界读书日"，都会有一些人、一些媒体热衷于为教师群体开列书单，推荐各类"值得读"或"应该读"的优秀教育教学著作。也会有少量的媒体朋友嘱我为基础教育阶段的一线教师们列一份专业成长的阅读清单，或者录制一个指导专业阅读的短视频放到网络上。鼓励教师开展专业阅读当然是好事，借助精选的书单将真正的教育经典推荐给一线教师，使其直接与智者、贤者对话，从他人的思想成果中获取丰富的生命养分，既可免于将时间和精力消耗到无价值或者少价值的文字之中，又能有效地滋养情怀、提升品位、拓展眼界、养成能力。

只是，中小学教师的专业阅读终究属于一种个性化的行为。任何一位专业阅读者在选择专业阅读书籍时，注定受制于理解力、阅历、经验、价值观等多方面因素。荐书人心中的佳作，必然是与其学养和价值取向匹配的作品，未必具备普适性，很难同时满足不同认知层级的阅读者的成长需要。从这一点而言，真正适宜的专业阅读书籍，只能是那种不超越阅读者的认知高度、不脱离阅读者的理解宽度、能够在专业阅读过程中形成思考和对话的"这一个"。

基于这样的理解，可以发现所有的专业阅读书单都如同菜谱。川菜有川菜谱，粤菜有粤菜谱，淮扬菜有淮扬菜谱。且不说每一种菜系均有鲜明特色，对食客的口味和消化道有着个性化的要求，单是每种菜系内部，也必然存在着不同层级的菜品，用以满足不同消费层级的个性化需求。所以，不同口味、不同消费能力的食客，总是挑选自己的肠胃和腰包能够承受的那些菜肴。教师的专业阅读亦是如此。

某学期开学，我所在的学校添置了数百部教育通识类书籍。全体教师依照惯例各自挑选两本书时，我发现最初被选中的都是具有较强操作性的教育教学技术类书籍，主题涉及如何写论文、如何申报课题、如何开好班会课、如何有效提问等。纯粹的教育理论著作，尤其是西方学者的理论著作鲜有问津者。此种取舍，一方面说明一线教师普遍性关注教学技能和科研技能的提升，另一方面说明一线教师尚且缺乏从更宏大的理论层面全方位审视自身所处的教育环境、所采用的教学技法、所拥有的教学主张的意识与能力。依旧用菜肴做喻体来表达，便是我校的大多数教师数年间一直习惯于吃普通的淮扬菜，短时间内既难以适应其他菜系的菜肴，也难以适应本菜系的高端美食，所以进了饭店便只点自己熟悉的那几道家常菜。

此种专业阅读中的作品取舍之道，既有其反逻辑性，也有其合理性。从教师的专业发展而言，技能提升类的阅读固然重要，拓展眼界、滋养情怀、建构理性认知的阅读更是不可或缺。前者属于"术"，后者属于"道"。有"术"而缺"道"，便只能成长为熟练教师；有"术"亦有"道"，才能成为学者型教师和卓越教师。只是，没有"术"的积淀，"道"就容易成为空中楼阁。所以，真正意义上的专业阅读，起步时总是先关注"术"，后钻研"道"。

二十年前，我在误打误撞中进入"教育在线"论坛，结识了数十位学者型教师或卓越教师。彼时，他们谈及各种哲学理论、教育学理论和心理学理论时总是信手拈来、如数家珍。他们所说的人与作品，我大多从未听闻，更别说认真阅读。我在心生崇敬与憧憬的同时，也买来他们提到的那些作品进行阅读，却发现根本读不进去。很多书都是看了不到三分之一的内容便弃之一旁。我在不得不承认差距的同时，也明白了一个道理：我的认知与积淀还不足以同高深理论进行对话。于是，我舍弃专业阅读中的"一步到位"，改为先阅读这些学者型教师的课堂实录、案例分析、教育随笔和少量的教学论文。我从他们的文字中一点点积累理论素养，一步步拓宽认知空间。如此经过了四五年，再次拿起那些原先读不懂的经典理论著作时，便大体上能读进去，能初步理解其观点。此后又经历数次重读，每一次阅读，便增添了一份理解。

2. 承认差异，读出自我

最近几年，我接触到一些教师专业阅读共同体，参与了其中的一部分共读共研活动。我发现，有一定数量的阅读共同体存在着认知与行动两方面的偏差，主要体现为过度追求"道"的深度理解，过分轻视"术"的提炼与养成。这部分的阅读共同体往往无视阅读者的学养差异而过度追求阅读物的一致和阅读进度的同步。一些专业阅读共同体采用一个月集体阅读一部理论著作的方法，先是自主阅读，然后安排几位成员进行阅读经验交流，再请一两位专家进行辅导，最后形成若干篇读书心得。下个月换一部作品，再重复这几个环节。我认为，此法不可取，一是并非所有的成员都对这部作品有兴趣，二是并非所有成员都能理解这部作品，三是专业阅读只有和具体的专业行动相结合，才具备真正的专业成长价值。专业阅读决不能满足于识记一堆概念，熟记一些理论，而是要能够变抽象为具体，化复杂为简单，要能够学以致用。

我不反对专业阅读中的高起点，但反对一刀切，反对好高骛远，反对不经消化地死记硬背。我始终主张，所有的专业阅读必须建立在理解、消化并灵活应用的基础之上，而这理解、消化与运用又注定因时而异、因境而异、因人而异。一个专业阅读共同体之中，缺乏实践经验更缺乏理论积淀的新教师，跟一位拥有丰富的教育教学经验、拥有丰厚的专业理论积淀的学者型教师相比，其对教育著作的认知、理解和吸收注定存在极大的差异。

真正有价值的专业阅读，一定兼具个性差异和共性化诉求两方面的特征。个性差异主要体现为认知经验、学养积淀、实践能力、价值诉求四方面的差别，共性化诉求主要体现为特定社会环境下的共性价值认知和共性评价准则。个性差异决定了教师的专业阅读应依照自身的既有认知能力量力而行，共性化诉求决定了教师的专业阅读应始终围绕"育人"这一宗旨，始终顺应教育教学发展的客观规律。

当我们关注专业阅读中的取舍之道时，真正值得探究的不是阅读中的共性化价值诉求，而是阅读中的个性化差异。差异不代表差距，也不代表品位。比如，有人醉心于唐诗，有人痴迷于宋词，两者绝无高下之别。

承认专业阅读中的个性化差异，是推动专业阅读走向理性的第一步。当阅读者的"肠胃"还不足以消化高深的理论作品时，与其花费大量的时间硬着头皮"啃读"，不如放下这部作品，先阅读相对浅近的、注重案例呈现和案例分析的同主题作品，甚至是只研究具体的教学案例。经过这样的舍"难"取"易"，认知能力与实践能力便会有所提升。一名教师倘若能不断经历这样的提升，则其专业阅读也就一步步走向精深，终究有足够的能力和各类教育经典进行平等对话。

即使阅读者的理解力足以承载其对某部作品的阅读，也依旧存在着阅读物的取舍问题。比如，同样是艰深的理论，与当下的课程改革以及教育实践紧密相关的便必须认真阅读，指向更宏大视野的抽象性教育学原理、心理学原理则视自身需要而或取或舍。不是说这些原理不重要，而是阅读者的时间和精力终究有限，更需要注重专业阅读中的能效性。

明了上述主张之后，再看开头处所说的专业阅读书单，便需思考这样一些问题：他人的书单中，哪些指向教育教学的"术"，又有哪些指向教育教学的"道"？指向"术"的作品，与当下的课程改革是否一致？指向"道"的著作，与"我"当下的理论积淀是否匹配？哪一本著作中有"我"现阶段最迫切需要了解的理论？哪几部作品可以整合为"群文"，在比较中互释共生？有了这样的思考，便是洞悉了专业阅读中的取舍之道，便是明晰了自身成长需要与专业阅读的依存关系。拥有了此种认知能力下的专业阅读，才能进入依照自身成长需要选择适宜的作品和适宜的阅读方法的境界，"我读书"而非"书读我"。

3. 追寻一份高远的价值

真正决定教师成长高度的因素，是教育理想与教育情怀。

基础教育阶段的教育技能并非无限丰富。相当数量的教师，只要静下心来阅读一定量的理论著作和实践案例，并将其带入课堂进行验证，便能大体上掌握并灵活运用某些教学新技能，虽未必做到融会贯通，至少可以粗通皮毛。

与教学技能的更新相比，教育理念的更新要困难很多。教师的教学理念既受其漫长读书生涯中经历的客观教学环境的制约，又受其从业之后所处的学校文化的制约，还受其所处的社会中客观存在的群体性认知与评价的制约。此三方面因素的长期影响，潜移默化中确立起一位教师的教育观。要改变这样的教育观，除了持久地专业阅读与专业实践，别无他法。

教育理想与教育情怀的确立，又比教育理念的更新艰难若干倍。教师的教育理想与教育情怀从来不会凭空而生，却会随着时间的流逝而逐渐消散。能够轻而易举实现的，绝非理想；构成理想的，必然是"虽不能至，心向往之"的那份憧憬中的美好，比如新教育实验倡导的"过一种幸福而完整的教育生活"，比如新一轮课程改革追求的"让学习真正发生"。在数十年的功利性应试思维模式下成长起来的教师，通常很难理解自由阅读、自主写作、自在交流的价值，当然也就不会舍得花费时间和精力组织学生开展诸如"晨诵、午读、暮省"之类的学习活动，不会倡导亲子共读，不会鼓励学生开展公益活动，因为这些行为与中考、高考无关，和分数与排名无关。

但真正的教育恰恰需要远离单纯应试思维，恰恰需要把时间还给学生，把思考还给学生。要让越来越多的教师接受这样的认知，让越来越多的教师养成尊重个性、尊重常识、敬畏生命的基本教育主张，让越来越多的教师确立并践行"在成就学生的同时发展自我"的价值取向，就离不开专业阅读。读了《我的教育理想》才会知晓应试之外还有无限美好的新教育图景，读了《窗边的小豆豆》才会相信真正的成长来自天性的释放与灵魂的唤醒，读了《第56号教室的奇迹》才会明白"一间教室能给孩子们带来什么，取决于教室桌椅之外的空白处流动着什么"，读了《为未知而教，为未来而学》才会接纳"构建具有生活价值的课程""为具有生活价值的学习而教"……唯有此类散发着人性之美、理想之美的专业书籍，才能激活教师灵魂深处的爱与激情，才能让教师远离倦怠，勇敢并快乐地朝向明亮那方奋力前行。

人，总需要一种精神。中小学教师的精神，虽未必如春蚕、似蜡烛，但也决不能缺乏了利他性。教育的契约，既不建立在"按酬付劳"的功利心理之上，更不建立在当一天和尚撞一天钟的消极行为之上。教育需要的是"春种一粒粟，秋收万颗子"，需要的是"寄意寒星荃不察，我以我血荐轩辕"。这些品质不会无中生有，只能来自专业阅读，来自超越于单纯技能提升的教育生命叙事。这一类的教育著作，值得每一位心怀崇高教育理想的中小学教师反复品读。

第二节

什么样的阅读更有效

高品质的生命，离不开书香的浸润。只是，"腹有诗书气自华"的"诗书"，绝不会指向教辅资料或者"快餐文学"，而是指向凝聚了先进的文化思想、崇高的道德操守、丰厚的人生智慧和科学的知识技能的经典类作品。在人类的生命成长历程中，"开卷有益"的前提是选对了"卷"，选对了"开卷"的方法，如此才能收获"有益"。不读书或者读了无须读甚至不该读的书，都无法转换为生命的正能量。

以此观点审视教师成长之路上的专业阅读，便不是简单地探讨教师是否应该读书，而是探究读什么样的书、用什么样的方法读书。试想，一名数学教师每天阅读一部世界名著，当他读完了三千六百五十部作品之后，也未必能够成为数学教学的行家里手。就算是语文教师读了三千六百五十部文学经典，其增加的也仅仅是文学鉴赏与表达的素养，而非基于学科课程建设的理论积淀或实践经验。

所以，当我们谈论教师的专业阅读这一话题时，首先就要厘清"专业"的外延与内涵。从概念的外延而言，"专业"既指向阅读品的具体内容，也指向阅读者的阅读方法。从概念的内涵而言，"专业"不但要体现丰厚的学科本体性知识，而且要呈现出一定程度的综合性、开放性和前瞻性。"专业"不但要体现为自主性阅读、主动性阅读，而且要注重阅读过程中的融合与生成，注重学以致用。

教师应该如何开展专业阅读，才能高效筑造向上攀登的成长之梯呢？

1. 用"根本书籍"夯实成长根基

武侠小说中常有这样的情节：武功平平的少年，因为机缘巧合获得了一部武林秘籍，修炼后迅速成为绝世高手。这武林秘籍，便是少年修炼绝世武学的"根本书籍"。没有这"根本书籍"，此少年就算勤学苦练一辈子，或许依旧是武林中的不入流之徒。有了这"根本书籍"，眼界方得拓宽，能力方得提升，修为方能达到寻常人难以达到的高度。

教师的专业成长过程中，有没有这样的"根本书籍"？当然有。

第一类"根本书籍"，指向被千百年的实践验证为正确的先贤作品，比如《论语》《庄子》。理解这些作品中博大精深的思想并将其落实到具体的教学行动之中，有助于摒弃功利化的单纯应试思维，养成正确的教育观。教师只有将每一个学生视作独一无二的生命予以培育，才能全面落实"因材施教""有教无类"等主张，才能在顺应生命的成长天性的基础上辅之以合乎人性的引导与督促，使每一名学生都以"人"的形象行走在自主化学习的道路之上。

第二类"根本书籍"，指向极少数的教育理论研究者的最新理论成果。任何一个时代都会有极少量的智者能够透过各种纷扰抓住事物发展的本质。阅读他们的最新研究成果，可以借他们的慧眼看穿迷雾，发现指向教育教学本质特征的各种规律与技能。以 2017 年以来的课程改革为例，一线教师要想跟得上课程改革的发展步伐，要想在具体的课堂教学中不落后于时代，就必须阅读有关大单元整体化教学、学科大概念、真实性问题情境、项目化学习等方面的专业理论书籍。只是，近几年间出版的此类主题的作品太多，什么样的作品才能称为"根本书籍"呢？这就要从众多的著作中寻找那极少量的被广泛引用的作品。当其他作品的认知与理论都指向这有限的几部作品时，它们就有资格构成一线教师专业成长的"根本书籍"。

第三类"根本书籍"，指向极少数的课程开发者和践行者的研究成果。有能力将自身的教育教学实践转换为"根本书籍"的人当然不是寻常的一线教师，这种类型的"根本书籍"的背后，通常存在着一个热爱教育、坚持教科研的强大团队，比如朱永新先生的新教育实验共同体。该团队对新教育相关理念的阐释、对全新教学模式的探索与凝练，为数十万教师提供了行动指南。

此三类"根本书籍"，当然不会每一句话都拥有开启茅塞的神奇功效，但一定有一些观点超出了我们的认知经验，能够引导我们以更科学、更理性的态度和行动开展我们的教育教学活动。

我曾在多篇文章中做过反省，认为我从二十一岁到四十岁的二十年间一直只是在用"文学"教语文，而不是用"语文"教语文。我这个语文教师的"成长"，也不过是由一名风华正茂的文学青年，"成长"为一名拥有一定的舞文弄墨技能的文学壮年。数千部经典著作和千余部三教九流的杂书在赐予我文字的敏感与信息的庞杂的同时，并未帮助我从课程学的视角审视我的每一篇课文和每一节课。直到我读到了《后现代课程观》，读到了《语文科课程论基础》。是这两本书督促我从课程的角度看待每一个单元和每一个单元中的每一篇课文；是这两本书击碎了我二十年奋斗积攒下的那些"经验"，逼迫着我不得不清空大脑，重新开始；是这两本书引导我从"丈量文本宽度"起步，经由"营造课堂温度""拓展思维深度"而抵达"知识在场、技能在场、生命在场"的教学认知新境界。所以，2017年受邀撰写《优秀教师的成长：关键读物》的约稿时，我立刻想到《语文科课程论基础》这部极富理论性的教学著作。在那篇文章中，我坦陈心迹，承认如果没有遇到这样的书，我剩余的二十年教学生涯中的所谓成长，充其量就是由文学壮年走向文学老年。我会始终用文学的方式教语文，会把语文课上得诗意盎然，但永远不会思考一篇课文或者一个单元的课程任务和课程价值。

也许有人会说，不了解课程论又何妨？不了解课程论不是照样可以在省市教学竞赛中获奖，不了解课程论不是照样可以评名师、评特级教师？我在另外一件事上也曾持有类似的观点：有人夸我照片拍得很好，我曾很骄傲地宣称，有人是用专业技巧拍照，我是用文学拍照。当我说这话时，潜台词是我用文学拍照更高明。现在当然明白，这样的表述是何等的愚笨、何等的虚妄。任何一项技艺都包含了无穷尽的奥秘，只有从"门外汉"成长为"门内汉",才有可能窥得见些微精妙,才有可能登堂入室。哪有仅凭一点儿其他行当的技巧便真正触类旁通的道理?

我无法假设选对了一本书和选错了一本书的不同结局,我只知道,一名教师的专业成长离不开某些关键书籍的开启。当职业生命中的那部"根本书籍"未曾出现时,日常教育教学中的一切行动就都不过是简单的数量相加。遇到了那部"根本书籍",才能"开天眼",才能"柳暗花明又一村"。

2."书读我"与"我读书"

当下,中小学教师常被他人贴上"不读书"的标签。尽管贴这标签的人可能同样不读书,但因为身份差异便可以指责得理直气壮。社会评价或许就是这样,终日接触知识的人怎么可以将自己"混同于普通百姓",放松了对阅读的要求呢?面对这样的指责,教师中的一部分人自觉理亏,便阿Q般地辩解,说教师不是不读书,而是没时间读书。时间当然还是可以挤出来的,关键是想不想挤出这个时间而已。

其实说"教师不读书"属于典型的诬陷。就我视线所及,没有教师不读书,但所读大多只是教科书、参考书、教辅资料和五花八门的非专业理论书籍。真正自觉自愿阅读教育教学理论著作的教师实属凤毛麟角。就是这少部分的阅读专业理论书籍的教师,也还一定范围内体现出偶然性特征,通常是因为写论文、申报课题、完成特定教研任务等临时性需要而短时间内阅读少量的专业书籍,时过境迁便将这些书籍束之高阁。对于绝大多数中小学教师而言,"让读书像呼吸一样自然"只是贴在墙壁上的漂亮口号,极难转化为实际的阅读行为。

或许是为了改变社会的认知偏见,也或许是为了真正提升教师的专业素养,近些年,基础教育阶段的各类型学校普遍加大了教师阅读书籍的投放力度,众多学校每学期都为所有教师配发指定的专业阅读书籍,同时组织全员性的书评或者读后感评比,开展多种形式的主题读书活动。此外,还有一部分教师利用网络资源组成专业成长共同体,共读共研共成长。凡此种种,至少在形式上扭转了"教师不读书"的颓势。

既然已经有越来越多的教师开始或是主动或是被动地走上了专业阅读之路，便需要面对一个新的问题：如何开展专业阅读？选对了书固然重要，选对了阅读方法同样不可小觑。

前面我曾将人的大脑比作储藏室和加工厂。会学习的人应该让自己的大脑成为加工厂，将所有的知识纳入其中之后，便能够加工成更有价值的新产品。不会学习的人只是将大脑当作储藏室，将各学科的知识一股脑儿装进去，时间长了便霉烂变质。教师的专业阅读同样如此，如果只追求阅读的数量，不关注阅读过程中的理解、应用与生成，那么读再多的专业书籍，也难以转化为全新的教育理念和卓有成效的教学行为。在现实的教育生活中，我们确实可以发现一种现象：有些人说起教育理论滔滔不绝，却无法执教一节稍有特色的展示课。这便是只将大脑当作专业理论的储藏室，未能让其成为加工厂。

由此，专业阅读中的两种行为便极为清晰地呈现在我们面前："书读我"与"我读书"。不善于专业阅读的人往往被专业理论书籍上的名词概念绑架了思想，一切唯书是瞻，成为书的奴隶。善于专业阅读者则如鲁迅先生在《拿来主义》中所言的"运用脑髓，放出眼光，自己来拿"，将阅读到的各种理论和自身的教育教学相结合，用他人思想武装自己的头脑，让书成为自身工作的助手。

从阅读的价值与意义上看，"书读我"体现了阅读初始阶段知识积累时期的盲目、混沌与无助。绝大多数的阅读者会在博大精深的教育教学理论面前，迷失于缤纷的名词概念、富含哲理的锦词丽句和大量对自身思想产生巨大冲击的崭新理论观念。对于基本属于一张白纸的教育新人，或者虽有较长的工作年限，却在教育教学思想上依旧处于白纸阶段的教师，听任书本的作者意义和作品意义一点点灌输到大脑中，使苍白变得润泽，使贫瘠变得丰腴，也是一种有价值的专业成长方法。

"我读书"是"书读我"的延续与发展。理性的专业阅读者在完成了一定量的专业知识、专业技能、专业思想、专业情怀的积累之后，不会满足于阅读量上的数字增加，而是开始关注阅读物本身的价值。这时，专业阅读者便会对各种名词概念采用审慎的态度进行研究,对阅读物中的理论,用大脑中储蓄的思想进行比照验证。他们开始学会怀疑,学会取舍。

此种阅读境界中,"我"的主体意识会随着阅读的深入而日渐强大,"我"会发现最初对名词概念的关注是那样的浅薄可笑,"我"将不再满足于做一个忠实的"听众",只被动接受作者的传经布道,而是渴望和作者坐在同一张桌子前,敞开心怀,围绕一些感兴趣的问题进行讨论。"我"甚至能够在对话讨论中惊喜地发现,作者的一些观点原来还可以进一步发展下去……

"我读书"意味着"我"在专业阅读与专业发展的道路上开始走向成熟与成功,"我"开始懂得为了生命的独特与丰盈而有选择地选取阅读物,"我"能够通过阅读判别出阅读物的营养成分,并区别出该种成分是否正是自身健康成长所必需的微量元素,"我"不再浪漫,也不再只是满足于精准,而是渴望实现营养的均衡、身心的和谐。

有了上面的分析,我们可以发现,无论是"书读我"还是"我读书",都不过是专业阅读道路中的一段路程,显现的正是教师专业发展进程中相当一部分自发性质的阅读者多年阅读实践踩踏出来的印迹。了解这样的过程,能够给予自觉接受专业阅读理论的教师以专业阅读和专业成长的捷径,帮助他们用较少的消耗获取较大的收益。

3. 印证、融合与生成

教师的专业阅读,最终必然要与自身的教育教学相结合。在将阅读所得与日常教学结合的过程中,印证、融合与生成,属于三种不同性质的应用方式。

印证属于低端应用,是由"感性化阅读"转换至"理性化阅读"后与教学实践开展的第一次结合,介于承上启下的过渡期。融合则处于较高层级上的应用,大部分属于理性阅读范畴,少部分可以达到知性阅读领域。比融合更高层级的是生成。生成是对阅读内容的兼容并蓄与"读厚"。阅读者将阅读中收获的认知经验和具体的教学实践相结合,生成符合认知规律的、能够体现出鲜明的逻辑特征的新思想、新方法，其专业阅读才真正进入知性阅读的境界。

印证的价值在于认知自我。教师的专业发展，离不开永不停歇的摸索、验证、否定、舍弃、建构。在此过程中，困惑无处不在。面对"越来越不会教"的尴尬，教师们需要从权威理论著作中寻找方向和动力，需要用这些理论印证自身行为的对与错。从这一点而言，教师的专业阅读具有"试金石"的价值，可以借助他人的理论成果，鉴证自身的教学行为。

如果说印证只是一盆浅浅的水，目的在于照见自己的正确与可行，那么融合就是浩瀚的海，目的在于拥有充足的内涵与强大的力量。

融合首先体现为阅读中的兼容并蓄。没有人能够准确预知一次专业阅读之旅的价值。当阅读者面对一部专业著作时，无论他的心中充满着什么样的阅读期待，他能够从阅读中获取的有效信息，都只是一个未知。专业成长的道路上，这样的未知，随着专业阅读的不断深入，总是越积越多。这诸多的未知，又在每一次专业阅读结束之后，转化为若干个各具鲜明个性的已知。无数个已知又将越积越多，直至相互间为了生存空间而发生"争吵"。此种状态下，专业阅读就必须拥有一种能够让这诸多具有鲜明个性的已知和谐相处，共同服务于阅读者专业成长需要的力量，这力量的意义，就在于让这诸多已知在求同存异中形成合力。如此，融合的价值便体现了出来。

融合其次体现为一种阅读中的质疑思辨。专业阅读中的融合，绝不是无条件的全盘吸收，而是需要时刻保持一种质疑思辨的精神。阅读者在专业阅读过程中，无论面对何种文本，都需要本着将书"读厚"的态度，与文本中的思想与情感展开深入对话。这样的对话，是保持文本意义与读者意义相交相融的关键，是保持阅读者独立思想的关键。如果没有了这样的质疑思辨，只是盲目拜伏于文本脚下，文本与生命也就无法有机融合。

融合还体现为一种阅读中的扬长避短。任何一个优秀的文本，其存在的价值，都取决于独立的思想和丰富的精神。在专业成长过程中，当我们面对无数个这样优秀的文本时，其中注定有些思想精神并不适宜于当下的我们。因此，在阅读中就必然要对文本中的观点与理论进行取舍。在此过程中，阅读者必须充分考虑自身的理论积淀，同时充分考虑工作实情和个性特点，才能有效选择真正能够对成长形成巨大推动力的那部分理论与技能。而这经过精心选择的思想与精神，也才能够在大脑中形成发展合力，融合为一个难以分割的整体。

融合最后体现为一种阅读中的平和淡定。任何一种来自文本的知识、技能、思想和精神，其最终的相交相融，都是为了作用于阅读者的大脑，使其形成应对工作、生活、生命的能力、思想与精神。在此形成过程中，阅读者的心态必将随着知识面的日渐广阔、思想的日渐深邃、情感的日渐丰富而渐趋平和淡定。追求专业阅读中的融合，其实很大程度上就是追求这种超然于功利之外的情感享受，就是追求专业成长中的一种从容不迫、脚踏实地。此种超越，如果没有专业阅读中各种思想、各种精神、各种情感的和谐共振，也就无法跳出对眼前利益、个人利益的追逐，无法成长为一个乐意于追求当下教育生活的幸福的教师。

生成是专业阅读与教学实践结合的最高级产品。格式塔心理学中，有一个著名的公式：整体大于部分之和。将此公式套用到专业阅读的生成中，便可发现一个真理性的结论：当若干部著作中的思想与精神在阅读者的大脑中融合之后，在原本存在的诸多思想与精神之外，必然要生成一些全新的思想与精神。这全新的思想与精神，就是阅读者在阅读中触类旁通的产物，就是阅读者的生活实践与文本的理论融合的产物。相对于那些依旧存在于阅读者脑海中的文本思想与精神，这新生的思想与精神，才是专业阅读的目的所在，才是促成教师专业发展的最强大推力。

追求专业阅读中的生成，就是追求知识向能力的转化，就是追求人本对话中的意义挖掘，就是追求将书"读厚"的阅读目标，就是要借助专业阅读，搭建起专业发展的最佳平台，让教师的眼界日渐开阔、心胸日渐敞亮、理想日渐高远、情感日渐丰盈、能力日渐增强、生命日渐有意义……

生成意味着提升。专业阅读中的生成，就是将专业阅读中获取的各种信息，通过合理的融合，生成为教师自己的教育哲学。这种哲学，将成为教师日常工作中解释各种教育现象、解决各种教育问题的主要依据。

专业阅读进入生成阶段之后，阅读将不只是一种获取知识的行为，更是一种创造的过程。在这个过程中，来自浪漫期的大量积累、来自精确期的加工提炼将和来自生活的各种经验一起融合，进而生成为一种融入生命的思想与技能。处于此阶段的阅读者，在面对教育教学实际工作时，将无须搜肠刮肚地寻找解决问题的方法，对应的办法已经在综合运用中转化成为阅读者的一种"专业本能"。

第三节

教育实践中的"四本经"

课堂是教师必须坚守的主阵地,却不是唯一需要坚守的阵地。课堂之外,还有与之紧密相连的教科研。

这也就是说,当我们强调教师的教育实践时,并非只强调课堂教学实践,也强调具体的教科研行动,强调在教育教学的方方面面开展自主性、专业性的探索。

简单且不动脑筋地做,算不得教育实践。实践的要义在于主动践行,先形成相应的思考与主张,再用有规划的行动去验证考量。

实践也未必一定能够获得成功。决定实践成败的因素很多,比如项目设计的合理性、操作过程的规范性、数据分析的精准性。教育实践中,还有一个相对主观却影响巨大的人为因素——评价标准的合理性。从单纯升学率的角度评价与从"人"的健康成长的角度评价,获取的结论注定不同。

但实践永不会停止。毕竟,基础教育阶段的绝大多数教师,不愿意只做知识的二传手,而是要做教育教学的建设者与创造者。建设与创造,本身就是一份凝聚着理想、情怀、策略、方法、技能等诸多行为要素的综合性实践行为。

1. 打磨一节好课

对好课的不懈追求,是促进教师业务能力提升的最切近的动力。好课之好,其一体现为目标正确、任务合理,其二体现为方法适当、活动适宜,其三体现为思维在场、生命在场，其四体现为课课相连、形成体系。

上不出一节好课的教师，纵使拥有极高的理论修养，也算不得真正的学习型教师。身为教师，最重要的学习任务只能是学会教学，学会创设必要的学习情境并依照情境开展适宜的活动。

至于"必要"与"适宜"，却又不是一个恒量，因为不同的时期有不同的课程方案和学科课程标准。只有与特定的课程方案和学科课程标准相契合的课，才有可能称得上"必要"和"适宜"，才符合好课的基本要求。

开始于2000年的上一轮课程改革，以"三维目标"的高效落实为核心任务，强化"自主、合作、探究"式学习。此种语境下的好课，必然既要审视目标设定的科学性与可行性，又要强化学习过程中的自主与合作，强化问题设计中的思维含量。任何一位教师，只有借助于长久性的业务研修，才能吃透此种课程改革理念，将其融入到日常教学实践之中。

及至2017年，《普通高中课程方案（2017年版）》正式发布，确立起"以学科大概念为核心，使课程内容结构化，以主题为引领，使课程内容情境化，促进学科核心素养的落实"的课程改革新主张。此种语境下的好课，便走出了上一轮课程改革的评价体系，进入了一个全新的诠释范围。"三维目标"被"核心素养"取代，"自主、合作、探究"被真实性问题情境下的"大单元整体化教学""跨学科学习""项目化学习"取代。上一轮课程改革中诞生的所有好课，放在当下则可能连"合格"都算不上。

面对近乎永不停歇的课程变革，任何一位教师倘若放弃了主动学习，也就意味着只能停留在既往的认知经验中，用老方法应对新课程。

老办法可以应对新课程吗？学理上而言，人人皆知其不可为。但在教育现实中，这样操作的教师不但很多，而且多到占据绝对主流的程度。以当下的高中阶段各学科的常态化教学为例，如果不是参加优质课竞赛，不是开设一定规模的展示课，有多少教师会投入巨大的精力设定一个精妙的真实性问题情境？又有多少教师能够坚持探索任务群引领下的大单元整体化教学？至于跨学科学习，更属于极其稀罕的教学行为。

综上可知，一位教师要想让自己的每一节课都契合课程方案的要求，实际上是一件近乎不可能完成的任务。退而求其次，即使是让少数的课能够满足特定评价标准下的好课的要求，大多数的课依旧采用传统的教学法开展学习活动，也需要执教者投入大量的时间和精力更新自身的课程理念和教学法，然后在实际教学中有意识地进行探索。这期间难免遭遇众多的失败，鲜能收获精妙的课堂。但持之以恒，终究会让好课越来越多。

2. 走出自得其乐

教学实践是否应该倡导"摸着石头过河"？我认为，绝大多数教师无须充当这样的探路者。

每一次课程改革固然都需要有一部分人充当先锋，"逢山开道，遇水搭桥"，为后续的大军开辟行进的坦途。但有能力充当先锋的，通常不是理论积淀和实践技能均有瑕疵的普通中小学教师，而应是专业的教科研人员，是有着特级教师、正高级教师、学科带头人等头衔的骨干型教师。普通教师要想在日常的教育、教学、教研中脱颖而出，则必然要在理论积淀和教学技能两方面有所突破，取得令人信服的成绩。

课程改革实践中，有一种行为需要警惕：部分教师对课程与教学并无真正深入的研究，也不具备必要的教学理性，仅只依凭了自身的性格与爱好，用过于"小我"的方式开展教育教学活动。我将此种教育教学行为称为"自得其乐"。于教师个体而言，能在工作中获得一份快乐固然值得倡导，但若此种快乐缺乏专业技能的支撑，缺乏来自学生的共同的快乐的支撑，这样的教育教学实践未必属于好的实践。

比如，新一轮课程改革致力于真实性问题情境下的任务驱动性学习，但无论哪一门学科，在情境的合理性上都存在值得深度推敲的问题。有些教师想当然地设计出某种情境，利用此情境引导学生探究一些并非切合课程核心任务的问题，致使课堂表面上热热闹闹，实际上目标偏离、知识分离、认知游离，既未能够真正激活学生的学习思维，也未能够有效落实具体的课程任务。偏偏教师自身认识不到此种教学行为中存在的错误，反而认为自己找到了一条通往理想课堂的成功路径。

此种现象在日常教学中并非特例。事实上，几乎所有教师都存在着教育认知上的"敝帚自珍""孤芳自赏"，且以名教师为最。名教师凭借多年的认知积淀，已然有足够丰富的经验用以应对常规教育教学中的各种可能性问题，并且往往能在看似平常处挖掘出不寻常的风景。这样的能力，难免伴随着自信、自傲甚至自负。从好处说，叫作教学个性鲜明；从不好处说，则是课程目标意识不足。

如果用导游作类比，或许更容易说清事理。所有的导游，都有固定的行走路线，都必须围绕这固定的路线，尽其所能地引导游客发现美好、感受美好。如果有导游不愿走寻常路，始终想着带领游客探险，而且每一批游客都换一条新路去探险，那么，导游固然可以每一次带队都能有新的发现、新的感悟，但对于只有这一次旅程的游客而言，是否必然错过了已被大众认知的最典型的风景？

由此类比可知，教师层面的新颖、独特，与学生层面的新颖、独特，根本不是一回事。比如孔乙己站着喝酒而穿长衫，对任何一届中学生而言都是新颖、独特的形象特征，因为他们只学这一次。至于教了若干次《孔乙己》的教师认为它太寻常，便在教学中舍弃这一经典特征而将学生引导至对孔乙己的手的赏析，只能是收获了教师情感认知中的新颖与独特，却偏离了本应作为重点学习任务的教学内容。

真正优秀的教师、真正优秀的导游，应该具备这样一种本领：即使面对的是每天都必然要走的路，也依旧一边脚踏实地地走稳每一步，一边在司空见惯中发现不一样的惊喜与感动。这才是理想的实践，才是既容纳鲜活个性，又遵循共性诉求的实践。

3. 学会折腾

无一例外，学习型教师必然爱折腾、会折腾。

学习型教师的折腾未必每一次都能收获必要的成果，但其出发点一定正确，一定指向对教育教学本真规律的自主思考与主动探求。"爱折腾、会折腾"与"瞎折腾"的本质区别，在于前者不但具有极为鲜明的目标意识和认知理性，而且具有强烈的利他性，以学生的健康成长和教育的良性发展为驱动。

学习型教师的折腾，通常体现为如下四点：

最具普遍性的折腾，是教学中的精雕细琢、精益求精。课堂是教师的主阵地，学习型教师绝不会满足于用同一种教学技法应对每一节课，而是会针对不同的教学内容和不同的学习质态，组织不同形式的对话交流活动，在自身的认知与能力范围内，追求最理想的课堂教学形式。即使是面对同一个教学内容，也会在不脱离课程目标和学习任务的前提下创新求变，努力寻找最佳的教学切入口，努力创设最佳的学习情境，努力拓展学生的学习思维。

有一种方法，可以快速检测自身是否属于学习型教师，这种方法叫作"自主性同课异构"。"自主性同课异构"分为两种形式：一是纵向上的"异构"，即每一轮执教相同教学内容时，依照教材预设的目标与任务，创设不同的情境，组织不同的活动；二是横向上的"异构"，即执教多个班级时，在不同的班级，依照不同的学情，组织不同的学习活动。"自主性同课异构"属于真正的"因材施教"。"材"不仅指向课程与教材，而且指向学情，指向处于不断变化中的课堂学习质态。

第二种类型的折腾，是管理中的不断创新、渐趋完善。所有的教师，都是教育教学的管理者。倘若是校长、年级部主管或者班主任，则势必要对学生成长的方方面面进行监管与引导；如果只是一位授课教师，也至少要管理好自己的课堂，管理好自己这门学科的学习。

管理是一门高深的学问，非我的认知能够阐释清楚，但有一点可以肯定：好的管理，越"管"越"活"；坏的管理，越"管"越"死"。管理的关键不在"管"，而在"理"。"管"指向宏观的定向，确立一个音调，协调全体的行动节拍；"理"指向微观的行动，强调顺势而为，分清轻重缓急，理顺前因后果。学习型教师在教育管理上的折腾，就是要不断探究"管"的合理性，不断推敲"理"的内在逻辑与行动细节。

有些教育管理者只从自身的认知经验出发，先预设一个自以为绝对正确的目标或任务，然后依靠持有的权威强行推进，且名之为精细化管理。这样的管理，貌似创新实则粗鄙，更难以抵达完善之境。教育上的管理，堵不如疏，指令不如商榷。唯有始终想着激活全体成员的工作热情，使其享受工作中的尊重与愉悦，才能进入管理佳境。

第三种类型的折腾，是认知思维的长期激活、持久更新。人的认知思维属于变量，不进则退，绝不会原地栖息。体现在中小学教育教学行为上，便是要么对教育教学持有清醒或相对清醒的认知，要么因循守旧，用旧经验应对新问题，要么浅尝辄止，只获取新主张的皮毛。后两种行为显然无法推动学习者朝向全面且深刻的理论认知层面高歌猛进。而缺乏了激活与更新的认知思维，便如电脑中的旧芯片，既运行缓慢，又内存过小，更无法适应新的工作要求。当然，如果只追求能够编写简单的文档、制作简单的PPT，则三十年前的386电脑似乎和当下的量子计算机并无太大的差别，若是进行高水准的算法，立显云泥之别。

中小学教师的认知思维正如计算机中装载的芯片，仅将其用作完成最基本的教学任务时，学习型教师与得过且过型教师并不会出现多大差别，但将其用作高质量的思维开启、情感激活、文化传承，前者便优势顿显。学习型教师在认知思维上的折腾，就在于始终跟上最新科技理论的更新节奏，尽量保持了自身的高速运作能力和抗病毒能力。如此，学习力才能终生保持。

第四种类型的折腾，是专业成长中的永不满足、永远挑战。这是一种跳出了具体事务的宏观性质的折腾。此种折腾不再拘泥于具体的教学技法、具体的认知思维以及具体的情感态度，而是追求一种高品质的生存状态和生命状态。此种折腾的最典型表现，便是不断追问自身的职业价值与生命价值，不断反思自身行为，不断跳出舒适区而追求更具挑战性的任务。要达成此种目的，不付之以持久地学习，又如何做到？

4. 恒久探索，不断修正

立足于主动践行的教学实践行为，一旦与相应的未知信息相结合，便构成了教育教学中的探索。未知，既可以指向早已存在却未曾钻研的事物，也可以指向将要在现实的土壤上新生的事物。探索，便是对这两类事物进行持久的研究。

基础教育阶段存在着太多的需要持久探索的问题，比如宏观层面的个性心理滋养、健全人格培养、生命意识养护、公民情怀建立，中观层面的课程体系建构、学习任务确立、学习方法探究、思维结构优化，微观层面的学科大概念提取、真实性问题情境创设、驱动性任务建构、跨学科学习开展。可以武断地说，纵使绝顶聪明的人，也没有能力将这三个层级的所有问题悉数钻研，融会贯通。

故而，任何一位学习型教师，只要不停止其学习的步伐，就永远有一个又一个的问题需要探求。此种探究一方面试图获取在特定问题研究中形成的特定答案，另一方面又不断拓展所研究问题的外延、不断丰富所研究问题的内涵，将研究者由最初的一眼泉、一条溪，带入一条绵长的河、一方浩瀚的湖、一片无垠的海。

需要警惕的是，这样的研究很容易迷失方向和目标。当外部信息过于纷杂时，学习型教师首先需要完成实践中的精准定位。教师的研究定位当然以教科研为核心，将此定位与基础教育这一任务相结合，便要求中小学教师的教科研实践必须既有效服务于学生的身心发展，又有效服务于教师自身的专业化成长需求。

为数不少的教师乐意于花费时间和精力研究服务于学生身心发展的各种方法，却懈怠于静下心来研究促使自身长久成长的可行性路径。如此，"人"的一撇一捺便少了一笔，既站不稳，也走不远。

没有人能够生而圣贤。在持久的教育教学实践中出现这样那样的偏差，均属常态。对于真正的学习型教师而言，发现实践中的偏差亦非难事，关键在于不丢失自我，在于能及时纠偏。

善于自我修正的教师，便建构起自主性学习中的良性循环，因问题而展开探究，又在探究中发现新问题，展开新探究。如此，思维认知的雪球便越滚越大，眼界与胸怀也必然随之而不断扩大，也就由学习型教师走向了专家型教师，继而走向了卓越型教师。

第四节

学习型教师的"四则运算"

俗话说,开门七件事,柴米油盐酱醋茶。教师的"柴米油盐酱醋茶",大体上指向备课、上课、批改作业、与学生谈心、听课评课、参加各类活动、自主研修。大多数的校园中,大多数的教师每天都被这七件事裹挟着高速度地运转,通常是从清晨即开始进入角色,到深夜依旧无法卸下心头的各种重压,以至于睡梦中还常常会被考试结束时间已到、试卷上还空空如也的噩梦惊醒。

此种高负荷生存状态,在外人眼中却往往被误读为"清闲"。局外人谈起教师时,挂在嘴边的一句话是,教师工作轻松,每天不过就上两节课。局外人看到的永远是浮在海面上的冰山的一角,并没有兴趣潜入海水深处,研究表象之下的那八分之七的沉重、锋利、幽暗。

身为教师,我们当然不必苛求所有人都能够以智者的眼光读懂我们,亦不必奢望所有人都秉持了公允与理性,心平气和地评判当下的教育、教学和教师。外界的每一种声音,都必然建立在发声者自身的价值诉求之上,面对这类声音,赞之勿喜,谬之勿悲,需要的不过是一如既往地做好该做的事。

1. 精准定位教师身份,为工作做减法

能够进入"不以物喜,不以己悲"境界的人,可谓圣贤。教师队伍中当然有圣贤,但毕竟属于少数。绝大多数的教师,不过是芸芸众生中的普通一员,自然也就难免会被外物之喜或自身之悲绑架了情绪和思想,甚至于心甘

情愿地走上了他人划定的路径，成为依顺他人心愿而生长的人。

此种职业发展状态，绝非教师行业的应有品质。教师从事的是生命雕塑的特殊职业，在这个职业中，外界的各种喧嚷都不应该构成教育雕刻刀下的取舍法则，教师自身的喜怒哀乐也不应该成为塑形铸魂过程中的情感要素。那句至今无法考证其出处的"教育就是一棵树摇动另一棵树，一朵云推动另一朵云，一个灵魂唤醒另一个灵魂"之所以值得推崇，要旨在于它将教师和学生始终定位在完全平等的同一类个体的层面。倘若硬性区分其差异，只在于属于教师的这棵树、这朵云、这个灵魂始终处于主动位置。教师之所以能够主动，是职业身份使然，更是人生经验和职业素养使然。

现在，已很少有人用蜡烛、春蚕等意象来定性教师职业，观念转变的背后是对教师职业更加理性的思考与定位。一位名师说，教师更像是一架电梯，总是敞开了自己的怀抱，把不同需求的人送到各自希望达到的楼层。在这日复一日的运作中，电梯虽也会逐渐老化，但绝不会完全失去了自我。我以为这样的教师职业身份定位，虽较蜡烛、春蚕有所进步，但依旧将教师职业狭隘化了，无视了教师自身的向上发展与自我丰盈。

我最喜欢将教师视作人生旅程中的导游。师生一场，本质上不过是一次短程的同步旅行。在此行程中，作为导游的教师固然需要在课程这一特殊的路径上引导作为游客的学生观赏风景、收获体验，却依旧可以凭借自己的慧眼和慧心，透过寻常风物，发现行程中独特的美好。一名好的导游，只有先从外物中发现打动了自身灵魂的那份景致，再将其整理为可以共情的表达或思考，才能将这样的景致告知游客。一名好的导游，即使是行走在一条已经走了千百遍的路径之上，依旧有能力在寻常中发现不寻常，依旧能够满怀感动、感恩和愉悦，带着他的团队兴高采烈地行走、观赏、收获。教师的教学过程，理应如此丰富精彩。

这才是一名教师应有的职业定位。在这样的定位中，教师个体的生命、情怀和兴趣，从来不会被职业身份消耗或磨损，而是始终被激活、被点亮。教师自身的每一次被激活、被点亮，又都始终会快速转换为学生的被激活、被点亮，进而内化为学生必备的生命素养。如此，教师和学生都处于同步地向上发展的学习状态之中，教育也才能够一步步攀上新的高度。

这样的职业定位，并不要求教师在职业生涯中不断增加自身的工作负担，而是用教师的职业理性，剥离自身非职业属性的各种赘余，集中力量做好教育教学的分内之事。教师只有将绝大多数的注意力投入到职业生涯中的不断发现、不断接纳、不断丰富之上，才能逐步减除外界喧嚷的各种强加，让教育回归到自身的发展轨道之上。

从这一点而言，给自身一个精准的价值定位，其实就是为常规性的工作与成长做减法。

2. 强化落实教育职能，为技能做加法

在常态化的教育教学活动中，教师极容易被烦琐的事务遮蔽住一双慧眼，使其只看见眼前的琐碎与功利，无法眺望远方的明亮与缤纷。也正因为如此，"忙"便成为很多教师的挡箭牌，用以抵挡一切评价或要求。

如果你让一名新教师多读一些理论书籍，如果你让一位骨干教师多钻研一些课改技法，如果你让一位特级教师多研发几节高水准的教学课案，对方拒绝你的最佳借口必然是"忙"。忙什么呢？绝大多数是忙于应付没完没了的备课、作业和考试，极少有人是忙于专业阅读、专业写作和专业实践。谁也无法全盘否定这样的"忙"，但若是以之为教师工作的常态，则对此种"忙"必须进行深度解析，必须挖掘出"忙"的表象背后隐藏着的技能、方法与价值取向。

倘若有这样一位教师：工作的每一天，都是从进入学校开始便检查学生的作业，对没有按质按量完成作业的学生进行批评性谈话，然后认真批改每一份作业，然后上课，然后布置更多的作业，然后依照计划和若干名学生谈生涯规划、谈学习方法……这样的忙碌，究竟拥有多大的价值？或许有人会说，教师不就应该如此敬业，如此全身心投入到学生的学习与成长之中吗？这样说时，大道理上虽然站得住脚，认知与方法却出现了问题。其中最根本的缺陷，在于未能正视成长的主动性、自觉性和多元性。

总是有着改不完的作业和试卷的教师，为什么不想一想，你凭什么要布

置那么多的作业和试卷？总是要每天和若干名学生交谈的教师，为什么不想一想，你想要和学生聊的那些，果真是学生需要且必须交谈的吗？现实的教育生活中，大多数教师的忙，往往只是忙于自己认为很重要的那些事。至于这些事是否果真重要，则并不一定经受得住学理推敲。

教师在职业生涯的每一个发展阶段，当然都应该保持着忙的状态。只是，教师的忙应该忙在学生健康发展和自身持久发展的关键之处，应该忙在教育教学技能的精益求精和学生生命成长的去粗取精之上。将一半以上的工作精力放在批改作业和试卷上的教师，同将一半以上的工作精力放在钻研教法和提升课堂学习效率上的教师相比，其忙带来的更多的是双向的伤害：既伤害了学生主动学习的热情与能力，又伤害了教师自我完善的愿望与行动。

本质上看，教育教学是一门技术活，而非体力活。教育教学的技术又始终处于快速更新的状态之下。置身于日新月异的变革之中，每一位教师都应该将自身的忙定位到自我充电、自我提升、自我完善的目标之上，用持久的学习不断增加自身的教育教学技能。教师的教育教学能力提升了，才会确立起正确的教育观，才能拥有科学的教育教学技法，才能走出"少慢差费"，走向"多快好省"。

3. 全面提升教科研能力，为学养做乘法

当下，部分教师对学校教科研存在着一定程度的误解，以为学校教科研就是申报课题、撰写论文、参加优质课竞赛。也正因为这样的误解，这类教师往往在思想深处硬性割裂常规化教学和教科研间的联系纽带，在二元对立中主动舍弃了教科研，选择了常规性教学活动。

事实上，常规性教育教学活动中一切关乎教育教学的思考与探究，均可以纳入学校教科研的范畴。比如如何确定一节课的教学目标，如何设定一节课的教学重难点，如何创设一节课的真实性问题情境，如何预设一节课中的驱动性任务，如何展开合理的学习探究活动，等等。可以说，一切旨在让教育教学朝向更科学、更人性、更美好的方向发展的主动探究行为，均属于学校教育中不可或缺的教科研形式。

遗憾的是，真正拥有此种教科研意识的教师却微乎其微。为数众多的教师似乎更加偏好于完成各种来自外部的任务指令，将自身定位为不折不扣的任务执行者，而不是富有创造性的课程资源开发者、教学技法探究者和教育理论思考者。此种身份定位，显然不利于教师的持久性的专业发展，也无法满足中小学生持续增长的好奇心和求知欲。

学校教育需要面对的，既是拥有鲜明个性的一个个学生，又是始终处于永恒的发展与变化之中的社会。学校教育的价值正在于搭建起学生和社会间彼此互通的桥梁，不但使学校教育能够满足学生个体的生命成长需要，而且使学校教育能够满足社会对各行业的合格劳动者的需要。要达成此种目的，教师就必须成为杰出的"桥梁建筑设计师"和"施工者"，必须能够跟随着时代发展的步伐，不断建设高水准的现代化的沟通桥梁，绝不能够满足于只会用最简单的工具搭建最简陋的"独木桥"。

因此，必须高度重视教师个体的教科研能力，必须将教师的工作由应对常规性的事务转移到对教育教学内在规律的深度探究、对学生生命成长规律的高度重视、对教师自身教育教学技能的持久性研讨之上。任何一位教师，均应确立起必要的课程意识、课改意识、发展意识、生命意识，必须致力于探究并追求知识在场、技能在场和生命在场的教育教学形式，必须用专业阅读不断开启自身的认知领域，不断完善自身的教育技能，不断提升自身的综合素养，不断丰富自身的教育情怀。此外还要长久地坚持专业写作，坚持用文字记录自身教育教学中的各种思考、各种探究，坚持将来自课堂教学中的各种感性化的思考与认知，加工提炼为具有广泛性应用价值的教育教学理论。只有做到了这些，教师才能一步步地脱离匠气，成长为课程建设的设计师和学生生命成长的雕塑师。这便是用教科研为教师的个体学养做乘法。

在我近四十年的教育生涯中，曾有幸陪伴着一批批的青年教师畅游教育教学的海洋，与他们一同钻研，一同成长。也曾十分遗憾地看到，无数位曾经风华正茂的青年教师，一步步陷入简单应试的泥潭，成为只擅长于使用高压手段强迫学生完成没完没了的作业的教书机器。教师个体的发展差异，固然受制于外部环境的制约，更形成于自身价值的预设与践行。真正优秀的教师必须是拥有强烈好奇心、好胜心和创造力的人。因为好奇，才会激发出探究欲；因为好胜，才会滋生出上进心；因为创造力，才会开辟出全新的成长之路，走出不一样的精彩人生。

4. 积极夯筑反思意识，为灵魂做除法

在小学生的心目中，教师近乎无所不能的人；在初中生的心目中，教师依旧是知识与智慧的化身；在高中生的心目中，教师开始退化为仅仅拥有单一学科专业技能的专业性人才；在社会大众的心目中，教师则被裂变为截然对立的分割体，既要代表着全社会的道德高标，又要充当全社会的出气筒……

其实，教师永远只是一种身份。此种身份，凡俗者将其视为职业，崇高者将其视为事业。视之为职业者，满足于付出与回报的关系对等，以"对得起这份工资"为价值定位。视之为事业者，致力于铺设理想与现实间的通途，渴望着凭借一己之力，在力所能及的范围内播种美好、播撒光明。理性的社会既不会要求所有教师都将工作视为事业，也不会对所有视工作为职业者心存鄙夷。毕竟，教育对于教师的职业期待，需要内化为教师个体的自觉性反思，然后才能转换为动力和能量。

最近的二十年间，我参与到朱永新先生的新教育实验之中，因而有幸结识了一大批善于自我反思的杰出教师。之所以强调他们"善于自我反思"，实在是因为他们的思考触角近乎无限丰富，不仅关注具体的教育教学行为，而且着力于探究个体生命的细微差异，致力于寻觅现实与未来之间最科学的行走方式。在他们的持久性的反思中，我学习到了一个至关重要的词汇：主动清零。

为什么要主动清零呢？因为经验是最顽固的成长阻力，尤其是那些在工作实践中曾经被验证为科学有效的经验。一名善于教学反思的教师，绝不会被自身的经验绑架了思想，放弃了对新生事物的好奇与探究。要摒弃经验的干扰，就必须主动清空这些经验，给大脑腾出空间，接纳最新的知识。

比如眼下正在进行的轰轰烈烈的课程改革，面对大单元、大概念、真实性问题情境、驱动性任务、学习任务群等诸多新名词，即使是最优秀的一线教师，也会在短时间内陷入迷茫困顿之中。于是，有人固守旧经验而抵制课程改革，花费很大力气写文章攻击这些新生事物；有人在原有经验的基础上略作改良，在旧瓶旧酒中掺入少量的新酒。真正的善于自我反思者则不会如此，他们犹如鲁迅先生在《拿来主义》中所说的那样，先是"运用脑髓，放出眼光，自己来拿"，然后分析、鉴别，然后对旧方法、旧经验主动清零，然后重建教学新思维、新方法和新经验。

勇于主动清零者，需要勇气，更需要智慧。当然，日常教学中的反思并非全部建立在主动清零的基础之上，而是更多建立在对教育教学内在规律的深度认知，以及对常识与人性的深度探究的前提之下。教师必须勇于承认自己的无知，必须放下面子和虚荣心，一方面努力学习最新的教育理论，并将之运用于具体的教学，另一方面多参加学习共同体的活动，多上研讨课，多撰写教育教学论文，多开展课题研究。只有真正进入到这些项目的学习与实践之中，教师才会发现自身知识的缺陷，才能在反思之中深化自身的学习，让自己一步步丰盈起来、润泽起来、明媚起来。

反思与清零，就是为灵魂做除法。

上述四种方法，构成了小学生必须掌握的"加减乘除四则运算"。只是，能够在作业本上演算，不过是掌握了一项静态化的知识。要想让它真正成为专业发展的不竭动力，还需要将其在日常的教育教学中持久性运用。孔子说："学而时习之，不亦说乎？"形成内在审美愉悦的关键，不在于"学"，而在于"习"，在于将收获的知识转化为解决具体的生活问题的能力。教师的专业发展亦是如此。希望所有的教师都能够积极行动起来，用好专业发展中的加减乘除，推动自身朝着不断完美的方向健康发展。

第三章　求变方能变

坚守与变革，构成了教育这枚硬币的正反两面，二者互相支撑，才既有了文化传承和使命担当，又有了扬弃并举和革故鼎新。

只是，"守"与"变"皆指向特定的建构要素，"守"所对应的只能是"道"，"变"所对应的通常为"术"。任何一位教师，只有守住了师者本分，同时又能顺应时代的发展，不断探索与课程改革及社会需求相一致的教学技法，才能真正站稳讲台。

当下，部分教师混淆了"守"与"变"的对应关系，死守陈旧的教法，抵触课程变革，却又舍弃教育理想、教育情怀，只追求现实的功利目标。学习型教师必须高度警惕之。

第一节

走出课堂舒适区

经验与惰性,貌似一好一坏,实则均属学习力的天敌。经验固然有利于熟练地驾驭课堂,却也会本能性地阻碍教学新理论与新方法的介入,在轻车熟路的舒适区中自我沉醉。至于惰性,更是将消极、不作为注入经验之中,让主体在满足于既有经验中得过且过,日渐消弭了进取心和学习力。

此二者长期蛰伏于所有人的潜意识之中,主体稍显懈怠,便立刻蠢蠢欲动,试图掌控节奏,把握方向,将主体引入因循守旧、故步自封的泥淖,使其斗志日减、雄心消弭、好奇心丧失、荣誉心萎缩,最终归于平庸。

能够抗拒此两种力量的正向能量很多,仅从课堂教学的视角而言,就可以通过践行课程标准、完善教学流程、创设活动情境、更新教学技法、拓展学习思维等多条路径予以合理建构。任意一名中小学教师,只要始终保持专业发展上的进取之心和学习之力,就有可能助推自我挣脱经验与惰性的束缚,走出课堂教学的舒适区,走进永不停歇的探索与发现之中。

1. 在"自寻烦恼"中不断突破

同样的教学内容,有人不备课就敢于走上讲台,有人反复斟酌、劳心劳力,唯恐某一环节出现疏漏。前一种教师绝非"艺高人胆大",后一种教师也绝非"技不如人""诚惶诚恐"。事实往往是前一种教师对教学缺乏必要的敬畏,后一种教师对课堂充满了尊重。

基础教育阶段的课堂,倘若只关注知识信息的单向传输,而不考虑学习者的接纳、理解与应用,则绝大多数教师确实可以仅凭往日习得的知识和经验便完成相应的教学任务。但这样的输出属于典型的"目中无人",全然无视了学习者的认知基础、理解能力、价值诉求和个性心理,自然也就无法拥有课堂上的和谐共振。

真正意义上的教学,是以教师的教促学生的学。学生学什么呢?不是学知识,而是学思维,学运用。知识如果不能转换为正确的思维和适宜的应用技能,便毫无价值。

实际教学中,"教知识"的教师并非少数派。"教知识"的教师即使很认真负责,其教学研究也只能停留在对知识信息的有效整合、对知识传输路径的正确辨识、对知识获取方式的理性探究层面,很难转化为学生自主性的思考与探究,更无法帮助学生建构应有的学科大概念。这种类型的课堂,学生大体属于读者或观众,无法参与到真正的学习活动之中。

学习型教师未必不曾经历"教知识"的职业发展阶段,但一定会随着理论积淀的丰厚和教育情怀的润泽,充分意识到"教知识"的局限性,转而开始寻求课堂教学中的自我突破。这样的突破,固然有外部因素的影响,更多的则属于内在价值追求的自我完善。学习型教师总是以审慎的态度凝望自己的课堂,绝不容忍在课堂上日复一日地"吟唱过去的歌谣"。

这是一种典型的"自寻烦恼":一方面是已经"站得更高,看得更远",另一方面却又始终追求比既有的"更高""更远"还要高远辽阔若干倍的教育的浩瀚天空和无际海洋,总是将自身置于"以有涯随无涯"的生命状态之中,却又始终乐此不疲。从小组合作探究,到自主化学习;从课堂上的深耕细作,到课前导学、问题前置;从"三维目标"的落实,到"核心素养"的落地;从学课文,到用课文学……学习型教师总会将自身的成长进步和教育的发展变革紧密相连,甚至能够凭借持久地学习而敏锐感知未来的发展趋势,率先成为相关教学理念、教学技法的探路者。

探路,便意味着前方无路,意味着难免遭遇挫败。探路的任务本不属于基础教育阶段的一线教师,学习型教师却乐意于承载这样的任务,并将其视作义不容辞的责任。学习型教师在课堂改革进程中不愿意做追行者,只愿意做探索者、建构者。学习型教师不以探索为烦恼，反而主动追求这样的烦恼，用这样的烦恼奠定专业成长的根基。

2. 在"喜新厌旧"中探索发现

当下，国内的教育舞台上活跃着两种类型的名师：一种名师，一节好课走天下，无论面对什么样的学生，都能用近乎完全相同的教学设计与活动，将精心预设的教学流程完美地演绎出来，赢得听课教师的满堂喝彩；另一种名师，在任何一个地方授课，都只依照授课班级正常教学进度组织教学活动，绝不因为自身好恶和特长而选择教学内容，致使其教学总是光鲜与瑕疵并存。

从教师培训的角度而言，前一种名师的课堂或许更有利于展示一节好课的各环节的精妙，后一种名师的课堂则更多呈现一种体系化教学的认知理性。从授课者自身的成长诉求而言，前一种名师侧重于"输出"，希望将最好的教学技法传递给同行，后一种名师侧重于"输入"，乐意于在永不停歇地挑战中不断提升教育教学能力。

两种名师的教学行为，代表着两种不同的价值取向。相比较而言，我更喜欢第二种类型的名师，喜欢他们身上体现出的永不自满、永攀新高峰的生命态度。我无法想象同样的教学内容被重复数次、数十次，甚至数百次时，授课人的内心会是一种什么样的真实感受。但我可以想象，一位学习型教师面对一个有难度的教学内容时，内心深处升腾出的探究的热情。

在日常的教学中，"喜新厌旧"是促进专业发展的重要动力。教学中的"旧"，不但体现为教材内容的滞后，教学技法的陈旧，而且体现为认知思维的落伍，情感态度的固化。学习型教师只有正视这些现实中存在的不合理性，才能致力于探究新知识、新技法、新思维，才能在"求新"的过程中不断丰盈教育情感，不断强化使命意识。

学习型教师在日常教学中如何"求新"呢？最根本的一点，在于"依标教学"。"标"即课程标准，这是决定一切教学行为的总纲。以本轮课程改革为例，《普通高中课程方案（2017年版）》强调"以学科大概念为核心，使课程内容结构化,以主题为引领,使课程内容情境化,促进学科核心素养的落实",则任何学科的教学行为,均需围绕这一核心而展开。教学中的"求新",就必须体现为对特定学科大概念的提炼与应用,必须体现为高效建构结构化的课程内容学习体系,必须明晰学习主题并以此引领特定内容的自主性学习和合作探究,必须巧妙创设真实性问题情境,并在情境中运用教材中的知识信息探究具体的生活问题。只有如此,才能真正落实学科核心素养。

现实教学情境中,相当数量的教师对本次课改持抵触甚至反对的态度。抵触或反对的原因或许多种多样,其中必然包含这样两条:课改颠覆了传统教学行为,打破了教学中的舒适区,造成了认知与行为上的无所适从;并未投入时间和精力深度研究课改理论,更未依托课改理论开展体系化的教学实践探究,仅仅凭借旧经验和主观感觉而本能性抵触新变革。有此两种认知与行为的教师,算不得学习型教师。

"求新"还体现为对相同教学要素的多角度验证。比如为了更好地完成某一学习任务,反复设定不同类型的学习情境并在教学中进行可行性验证,进而探索出不同类型教学内容所需的不同学习情境。学习型教师进行这样的研究时,绝非为了完成来自外部的科研任务,而是为了追寻教学的内在规律,为了走出教学舒适区,赋予每一节课以一份新的意义。

3. 在"刨根问底"中走向纵深

基础教育阶段,相当数量的教师有过这样一种教学经历:试图组织学生对学习内容进行质疑或呈现认知困惑时,绝大多数学生并不能提出一个真正有价值的问题。当教师针对此学习内容进行提问时,相当数量的问题却又都得不到正确的解答。形成此种状况的根本原因,在于学生并未真正进入自主研修的学习质态之中,缺乏对学习内容的深度探究。

教师的教学也是如此。非学习型教师面对特定的教学内容时,也如大多数学生一样,满足于浅层信息的感知与解析,并不愿意投入更多的时间和精力开展纵深研究。即便是遇到了某些疑难问题,也会把"考试不考"或"超出了学生的理解力"这两条理由作为放弃深入钻研的借口,将自身置入"不浪费脑细胞"的思维舒适区。

学习型教师如何对待教学中"考试不考"或"超出了学生的理解力"之类疑难问题呢？

首先，学习型教师致力于追求教学中的"让学习真正发生"，绝不会只接收考试指挥棒的指令。学习型教师对教学内容的取舍，只以课程标准、学习任务和特定学情为准则，凡属此三准则范围之内的信息，皆视作不可或缺的教学元素和成长元素。学习型教师承认学生的认知能力存在局限性，但更相信借助于必要的情境与台阶，能够助推学生跳起来摘果子。

其次，学习型教师即便是通过理性分析认识到相关内容确实超越了课程目标和学习任务，也不会轻易放弃对该问题的自主性探究。在不在课堂上探究这类问题，取决于课程任务；要不要自主研究这些问题，取决于教师的教研意识与教研能力。

2018年，有感于整本书阅读教学中出现的各种问题，我和我的"三度语文"研究团队开始探究中学整本书阅读中的分课时教学。我们精选了十四部经典著作，依照阅读思维的认知梯度进行分课时教学设计，出版了《中学整本书阅读教学设计》，发表了《整本书阅读的教学表达》等论文。2020年，我们团队又以整本书阅读教学中的"三单"设计与应用为研究对象，申报了省级重点自筹课题"基于'三单'的整本书阅读教学研究与实践"。我们的这些研究，都属于"考试不考"的范畴，其致力于引导学生探究的若干问题，也属于"超出了学生的理解力"。但我们认为这些内容的研究有利于建构正确的阅读路径、培养正确的认知思维，有利于情感的浸润、价值观的确立，有利于文化的传承与理解，便竭尽全力去做。当我们这样做时，既是研究，也是学习。

至于教学中的那些被视为重点、难点和考试热点的问题，以及被视为有效的技法，学习型教师也会以质疑的态度、探索的精神对其进行深度研究。学习型教师会思考这样一些问题：设定的重点与难点，真的契合课程目标和学习任务，真的与特定学情相一致吗？这些重点、难点问题该在何时呈现于课堂，又该用什么样的方式呈现？什么样的重点问题应该侧重于教师讲授，什么样的重点问题应该侧重于学生独立思考和随后的合作探究？当学生的认知力无法触及难点问题的内核时，教师该设置什么样的情境与活动，激活学生的学习思维？……

在教学方法的探索与应用上，学习型教师不但相信"条条大路通罗马"，而且相信这条条大路之中总有一些路最具行走价值。基于这样的认知，学习型教师绝不会每一节课都只沿着熟悉的那条路行走，而是先对多条线路进行分析研究，然后选择被确定为值得探究的那些路依次进行探索。及至其果真发现了最好的那条路，也依旧会在此后的行走中不断开发沿途的风景，不断赋予各段路程以新的意义阐释。

4. 在"见异思迁"中确立主张

在教科研的道路上，学习型教师绝非孤独的行走者。

当某一位学习型教师依凭自身的学习、思考与探求而形成了相对成熟的教学主张之后，其他的学习型教师面对该教学主张时，绝不会因为情感上的嫉妒而故意诋毁之，而是会以欣赏并探求的态度学习之、研究之。其他的学习型教师心中当然也会滋生出一种"不服气"：他能做好这样的事，我当然也能！凭着这一好胜心，其他的学习型教师便会进一步强化自身的专业学习与专业实践，直至建立起自身的教学主张。

此种"见异思迁"，属于教科研中的良性刺激。学习型教师不仅需要具备"见贤思齐"的品质，而且需要"标新立异"，需要在接触新理论、新方法、新模式时，立刻涌起将之据为己有，消化吸收后生成属于自身的新主张、新教法、新范式的情感冲动。有了此种冲动，再辅之以踏实的行动，学习型教师才有可能形成个性化的教学主张。

日常教育生活中，"异"广泛存在。与旧认知、旧方法相比，一切新理论、新行为均为"异类"。能够让学习型教师"思迁"之"异"，指向体现课程改革精神、契合宏观教学理论、关注学生身心健康发展的论文论著、典型案例、教学实践。学习型教师乐意于通过对这些"异类"的亲近与研究，拓宽自己的教育视野，丰富自己的教育情怀，增强自己的教育智慧，提升自己的教学技能。

"思迁"且"能迁",是学习型教师不断提升教育教学技能的关键。"迁",是迁移,也是拓展;是横向联系,也是纵向深入;是举一反三,也是举三反一。建立在教育认知理性前提下的"见异思迁",是学习型教师由成熟走向卓越的必由之路。

最常见也最基础的"迁",是将同学科的成功教学案例移用到自己的课堂之上。这成功案例,可以是整节课的精妙设计,可以是某一环节的精彩呈现,也可以是某一细节的出人意料,还可以只是一个精美的过渡、一个临时生成的教学机智、一次激活思维的对话。而"移用"可以是直接复制,也可以是消化吸收后的再创造。借助于这样的"迁",学习型教师的教学基本功将日渐完善,课堂活动将日渐精致。

高一个层级的"迁",是跨学科认知迁移和教学技法借鉴。即:学习型教师在参加跨学科的教科研活动时,从其他学科的教学目标设定、教学任务部署、教学流程设计、教学活动开展、教学评价落实等项目中获得思维启迪,将其迁移到自己的学科教学中进行尝试性应用,然后剔除其不适宜的内容,吸纳有价值的内容,使自身的教学技能得以快速提升。

再高一个层级的"迁",是理论朝向实践的转化与应用。即:学习型教师在专业阅读中获得了有益的理论,立刻将其与自身教学实践相结合,在教学中有意识地进行验证,进而丰富了自身的理论认知,提升了自身的教学能力。

最高层级的"迁",是由若干的具体案例中提炼出抽象的概念,形成概念化理解,再以此种理解解决现实生活中的诸多同类型问题。这样的"迁",属于思维的高通路迁移,与当下的"学科大概念""整体化学习"紧密相关。

有此四个层级的"迁",学习型教师也就在日常教学中完善了自身的认知,形成了自身的独特风格与主张。

第二节

清零，然后重构

改良与改革，一字之差却意义迥异。前者始终立足于既有存在而修修补补，后者则另起炉灶，从头开始。

未曾接受全新理论或技法时，学习型教师在教育教学中进行的一切探索，均属于教育教学的改良。接触了全新的课程理论或教学技法，在思想深处形成了极大的触动，学习型教师会主动舍弃积攒多年的教育教学经验，从零起步，探索并逐步建构全新的教育理念、教学模式与教学方法，这便属于教育教学改革。

教育教学改良可以发生于日常工作的每一天、每一节课。改革则不然，教育教学的改革属于稀罕事，若干年才能遭逢一次。以基础教育阶段的教学改革为例，近四十余年间真正意义上的课改只有三次：第一次指向"双基"，第二次指向"三维目标"，第三次指向"核心素养"。至于四十年间不断出现的"微格教学法""六步教学法""三主四式导读法""情境教学法"等新主张、新方法，则均为教学技法的改良。

现实的教育生活中，乐于且善于教育教学改良的教师很多，勇于教育教学改革的教师却极少。绝大多数教师——包括绝大多数的学习型教师——面对教育教学改革时，习惯于秉持改良思维展开探究，缺乏主动清零、自觉重构的勇气与魄力，不但未能成为课改的先行者，而且极有可能成为课改的阻力。

1. 课程观的确立与建构

在我近四十年的教学生涯中，经历过两次主动清零。这两次清零，都和"课程"这个词汇紧密关联。

没有阅读《后现代课程观》《语文科课程论基础》这两部作品之前，我已工作了二十年。二十年间，我凭借相对扎实的文学功底、强烈的好奇心和"比上不足，比下有余"的学习力，在语文学科教学上取得了一定的成绩。尤其是2004—2007年这几年，我的多个课案在权威期刊上发表，另有一些课案被收录进一些著名出版社出版的教学案例精品文集。

但是，有网友向我推荐了这两本书，说是读通了这两本书，再回望自己的课堂、回望绝大多数语文教师的课堂，甚至审视那些最有名气的语文大家的课堂，就会发现一个共性化的问题：缺乏课程意识。这位网友进一步说，教学不是探险，而是固定线路上的旅游，一节课该教什么又不该教什么，不是教师说了算，而是课程说了算。

那时的我，从未思考过课程，也从未琢磨过如何将一篇课文放到语文知识体系中取舍教学内容。好在我愿意接受他人的建议，用了很长的时间啃读了这两本书，又用了更多时间消化吸收这两本书中的主要观点。我这才明白，任何一篇课文，都只应该围绕课程目标和学习任务取舍教学内容，绝不应该以教师的偏好随意设定教学重难点。

接受了课程论的观点之后，也就发现了此前二十年的教学都算不得真正意义的"教书"或"教课"。"书"与"课"都是"课程"这棵树上的枝杈，不能脱离了"课程"的主干而独自生存。而我此前的教学，却时常为了追求思维深度而随意拓展，为了追求新颖别致而随意取舍。我教的只是"文"，不是"书"，不是"课"。用我后来的反思来说，就是我工作的前二十年，都不过是用文学鉴赏的方式带领学生鉴赏一篇又一篇独立的作品。孤立地看，似乎很多堂课都很精彩；联系着看，此精彩与彼精彩之间或重复、或跳跃、或隔断，缺少完整体系。

明白了这一学理之后，我便进入了第一次主动清零。再面对任何一篇课文时,首先想到的是这篇课文所在单元的学习任务是什么,然后研究此篇课文在这个任务系统中主要承载哪些下一层级的具体任务,最后根据这些具体任务设定教学重难点、教学主问题和基本性教学流程。这一次清零,给我带来的最大变化,是确立了以"丈量文本宽度"为基础,以"营造课堂温度"为手段,以"拓展思维深度"为目标诉求的"二度语文"教学主张。

第二次主动清零,是在2018—2020年。当整本书阅读、大单元整体化教学、任务群学习、真实性问题情境创设等新生事物集群化涌入我的视野时,我没有因为这些近乎完全陌生的教学主张而惊慌失措,更没有因为它们与我此前持有的教学认知相冲突而本能性地拒绝,而是"欣欣然张开了眼",先大量阅读相关理论作品,再分析研究相关课案,然后在课堂上主动探索,最后将思考与探索的结果形成论文和论著。这一次,我清除掉了三十余年积攒下的所有的"教教材"的经验,去建构虽不成熟,但更贴近课程目标的"用教材学"的新教学范式。

我所经历的这两次清零,第一次具有强烈的个性化色彩,第二次则是因为国家层面课程改革的倒逼与助推。大多数中小学教师未必如我一样会因为阅读了一两本书而舍却多年的教学经验,重构一个新的教学主张,但面对此轮国家层面的课程改革,如果还不主动清零,还要坚守"教教材"而坚拒"用教材教""用教材学",那么,无论此前取得了什么样的教学成就,也都注定会转化为课程变革的阻力,沦为顽固的守旧者。

有人在网络上放狂言:为什么要搞大单元整体化教学?我不搞大单元整体化教学,考试照样考得很好!也有人大言不惭地宣告:大单元整体化教学只适合毕业班,我在十几年前就这样做了。此两种人发出的声音虽然不同,内在的认知却完全相同。究其本质,两者都没有认真研读过大单元整体化教学的相关理论,更没有真正探索过大单元整体化教学。这样的轻率发言者,算不得真正意义的学习型教师。

2. 教学法的改革与改良

近四十年的教学生涯中,我陆续学习过这样一些教学法:

刚工作时学习于漪，追求课堂的美与诗；随后学习魏书生，将"六步教学法"奉为圭臬；又学张富，积极践行"微格教学"。后来，河南新乡开始推进小组合作探究，我闻风而动，在自己的课堂上开始实践。

其后数年，我又学习"先学后教，当堂训练"的杨思模式，学习东庐中学以"讲学稿"为载体的"教学合一"的课改经验，学习杜郎口中学的"三三六自主学习模式"，学习南通的栟茶经验，学习某超级学校的高度精致化教学管理……

前期的学习，态度虔敬，全盘吸收。凭借这样的借鉴，我快速站稳了三尺讲台。后期的学习，态度上开始出现变化，有些"经验""模式"仅是觉得有价值，却并未在自己的教学中践行。有些方法与主张更是本能性地抵触，认为其有违最基本的教育教学规律，只将其作为反面典型而批判性提取反向认知。

正是在这样的模仿、借鉴与批判中，我一点点积累自己的教学经验，逐步形成了"走进文本，走进作者，走进生活，走进文化，走进心灵"的"五走进"教学流程，形成了"知识在场，技能在场，生命在场"的价值主张。

2018年之后，新一轮课程改革全面推进，我突然发现前方不再有相对成熟的教学模式可供学习。几乎所有的中小学教师都站在了同一个起跑线上，或主动或被动地开启一段全新的奔跑。更重要的是，我发现当我运用大单元整体化教学模式组织学习活动时，我的"五走进"突然失去了明晰的载体。因为"五走进"只是建立在单篇文本深度解读基础之上的阅读理解活动，而非立足于大单元整体化学习的自主性探究行为。

怎么办？必须清零，然后重构！

如果我不主动清零，不重构自己的教学法，而是依旧沿用旧技法，对学生的应试会有影响吗？想来不会！因为高考改革相对滞后，跟不上课程改革的脚步，用旧有的课堂教学模式依旧可以很好地完成应试技能培养的任务。但旧模式只能培养被动型学习者，无法满足"让学习真正发生"的课程需要，所以必须变革。

当今中国的所有中小学教师都在经历与我完全一致的教学转型，也都必然如我一样要面对既有教学经验的清零和新型教学技法的确立。至于说转型之后如何进一步完善自己的教学技法，则属于技术上的改良与优化。

如果你此前尚未形成自己的教学模式，亦未拥有自己的教学主张，那么，你只需将大脑中存储的碎片化经验加以清除，就像电脑清理垃圾文件一样彻底删除，便可以腾出空间容纳此轮课程改革确立起的新方法、新流程、新范式。

如果你已经拥有相对完善的教学技法，并且依靠这些技法获得了尘俗世界的若干成绩，那么你的清零将是一场痛苦的"断舍离"。那种曾经绽放无尽光芒的教学技巧，就像冷兵器时代的武术绝技。在机枪大炮的语境下，坚守并继续深度探究这绝技，依旧可以维护你武林宗师的名头，却无法在现实的战场上最大限度地提升战斗效益。真正的学习型教师，必须如冯骥才小说《神鞭》中的傻二一样，在冷兵器时代将辫子练成了绝技，在热兵器时代则勇于剪掉辫子，练出神枪绝技。

由使用辫子到使用双枪，是改革，是革旧立新。使用双枪之初，一定也是"菜鸟"，一定"泯然众人"，但只要理想犹在、壮心犹存，假之以持久地学习、踏实地行动，不断改良技法，修正心态，便终究可以再次练出绝技。

本轮次的课程改革，就是变"用辫子"为"用双枪"。面对这个发展大趋势，如果你还找各种理由赞美辫子，否定双枪，那么，除了成为遗老遗少，还能收获什么样的创新与进步？

这一次，人人皆要清零，然后重建。

3. 教育观的转变与践行

从我记事至小学毕业，均生存于崇尚暴力的特殊环境。进入中学后，虽结束了十年动乱，但社会风气尚未完全转变。及至读了三年的师专，阅读了数千部文学作品，却也仅仅是提升了文学鉴赏的品位，并未真正阅读陶行知、叶圣陶、苏霍姆林斯基的任何一部教育学著作。学校中开设的公共课"教育学"，大伙儿都没认真学，老师也未认真教。所以，我是带着近乎原生的暴力认知走上了教育岗位，压根儿没思考过什么教育情怀、教育理想、教育智慧等问题。

我所工作的前两所乡村初中，百分之八十以上的家庭采用的是"棍棒教育"模式，校园中盛行体罚。此种背景下，我虽在教学上不断探索并取得了一定的成绩，但在宏观的教育观上却始终"一穷二白"。后来调入了县中，起初依旧沿袭恶习，动辄体罚惩戒。直至执教高中后，学生日渐文静，加之也阅读了一些教育类的著作，开始思考追寻真正的教育，这才渐渐放弃了暴力。

2004年，我接触到了新教育实验，研读了他们的相关主张，观摩了他们的校园生态，开始真正思考"什么是教育""学生应该享受什么样的教育""教师应该过一种什么样的教育生活"等形而上的问题。这样的思考又逼迫着我补上以前亏空的专业阅读，让我在思、读、行的融合中一步步清理大脑中的各种错误，一点点接近教育的本真。

推己及人，我想我的天南海北的同行中一定也有如我一样带着教育观的空白答卷仓促走上三尺讲台的人。我深知，绝非所有的教师都持有明晰的教育观，既有的教育观也绝非全然正确，因此，每一位学习型教师也就都有必要梳理或审视一下自己的教育观，看自己想要把学生培养成什么样的人，也看自己想要让自身成为什么样的人，更看自身能够为这个国家、这个社会贡献什么样的智慧与行动。

与上述两种观念的清零与重构相比，教育观的转变与践行难度更大。哲学上说，世界观决定方法论，方法论体现世界观。试想，一位教师对应试改变命运持有绝对的信奉，便必然不在意个性生命的自在绽放，更不在意教学中的浸润、唤醒与激励。在此种教育观的支配下，教师必然引导学生"只要不学死，就往死里学"，必然倡导用刷题填满每一个时间缝隙。另一位教师追求"过一种幸福而完整的教育生活"，则必然努力创设自主思考与发现的学习情境，让学生在学习中体验探索之趣、成长之乐，必然想方设法引导学生从书山题海中解脱出来，追求"理解"基础上的灵活应用。

教师的教育观，通常被所处的社会环境绑架。最近的十多年间，因为公益支教，我接触到二十余省的数万名中小学教师。我发现一个很普遍的现象：但凡一味倡导升学率的地区，教师的教育观总是过于"务实"，只在意学生每次考试能达什么样的分数线，很少想着如何创设最优化的学习情境，用最少的时间消耗获取最大的教学效能。不是老师们不明白此种观念与行为的危害，而是老师们不愿意主动改变，畏惧改变可能带来的失败。

神奇的是，当这个地区整体性加盟新教育实验之后，相当数量的教师往往很短时间内便转变了教育观，开始以极大的热情投入到专业阅读、专业写作和专业交往之中，开始积极主动地追求"幸福而完整的教育生活"。

此种状况促使我思考两个很现实的问题：中小学教师教育观的确立或修正，为什么外部力量更为重要？教师个体在什么样的情况下才能主动清空大脑中的错误教育观，主动确立正确的教育主张？

不同的人，或许会给这两个问题带来不同的答案。从我的认知与理解而言，觉得最核心的要素便是教师自身的专业发展意识。专业发展意识特别强烈，便可以突破周边环境的影响，做自己想做、该做的事；有专业发展意识却又患得患失，便被大环境掌控；没有专业发展意识，则无论外部环境如何，都不会主动思考教育问题，更不会拥有健康的教育观。

学习型教师，就应该成为拥有强烈的专业发展意识的"这一个"。

4. 生命观的修正与润泽

教育中的生命，始终包括学生和教师两部分。教育中的生命观，也始终指向师生双方既有的生命质态和应有的生命态势。生命观属于比教育观更高一个位次的价值诉求，毕竟，一切教育最终都是作用于生命、服务于生命。

表面上看，生命观是一个相对抽象的存在，而且无法体现在可量化考评的教育行政管理程序之中。生命观的有无，于学生而言不影响其学业成绩，于教师而言不影响其教学技能与升学率。

但这也仅仅是表象，实际情况却是，生命观不但影响学生的学业成绩、教师的教学技能，而且影响其学习与工作之外的方方面面，影响其未来成长状态。任何一位心智正常的人，倘若不珍爱自己的物质生命、精神生命和社会生命，不想方设法地锻炼物质生命、润泽精神生命、雕塑社会生命，则绝不会投入时间和精力潜心学习、认真工作、善待他人与社会。

当下的教师群体中，持有畸形生命观的人并非极个别。比如，有的教师眼中只有分数、排名和与之匹配的各种奖励，选择性无视几十个鲜活生命的个性化存在价值；有的教师自身带病工作，也要求学生带病学习；有的教师始终倡导以消耗青春生命为代价的自残式学习，想方设法延长学生的刷题时间，致使学生普遍性精神委顿、厌倦学习；有的教师为了自己眼前的三年收成而毁灭式索取，不惜将学生未来六七十年的自主学习热情全部用尽；有的教师用铁腕手段严惩学生阅读文学著作，千方百计扼杀各种能够滋养精神生命的文化艺术作品；有的教师以狠抓零抬头率将学生的好奇心彻底虐杀，以不允许跨校交往、跨班交往、跨性别交往将学生的情感生命肆意毁灭；有的教师一味灌输成王败寇的封建文化，竭尽全力地将学生打造成精致的利己主义者……

上述认知畸变犹如隐藏在血肉之中的癌症病毒，不知不觉中戕害着教育的躯体，倘若不及早发现、及时治疗，便会酿成悲剧。学习型教师既然希望借助于学习廓清迷雾，把握本真，发现规律，呵护生命，就必须经常性审视、反思、修正、润泽自己的生命观，从更大境界、更高格局上经营教育和教学。

学习型教师必须建构这样的生命观：

其一，承认个体生命的内在差异，正视、允许甚至倡导每一个生命都以健康且个性鲜明的方式生长，而不是强迫每一个生命都朝向整齐划一的目标行走。为了这样的认知，学习型教师应努力创设适宜于生命多样化生长的学习环境，在规则许可的范围内最大限度满足不同发展需要的学习要求。

其二，相信教育对生命塑造的重要价值，合理利用各种教育资源，帮助学生认识生命、感悟生命的可贵与美好，创设条件培养学生的耐挫力，引导学生思考个体生命与家人、与他人、与社会、与国家之间彼此相连的责任关系，将个体生命的存在意义与家国情怀、使命担当紧密编织，用高远的理想诊疗现实的创痛。

其三，生命教育无处不在、无时不有，必须从日常生活的细节着力。比如，不鼓励学生带病坚持上课，教师自身也不带病上课；反对各种形式的冒险行为，通过具体的活动提升学生的主动避险能力；尊重弱小者的生命存在方式，不以暴力的方式对待小动物和低学段的学生；相信生命的坚韧与力量，相信逆境中的坚守一定能够走出阴霾，创造奇迹。

其四，生命需要浸润，生命品质的高低取决于个体对待自身生命的态度。教师需要引导学生给生命确立一个高远的目标，也需要警醒自身，用同样高远的理想为生命立魂。为了自身的生命润泽，教师需要不断强化自身的学习与实践，用有意义的行动，抵抗生命的虚无。

一名教师，只要清空了大脑中的畸变的生命观，输入正确的生命观，再辅之以具体的行动，就足以经营好自己的生命，并以自身生命的丰盈，为学生带来生命的滋润。

第三节

"以学习者为中心"

《普通高中课程方案（2017年版）》中，普通高中教育的任务被设定为"促进学生全面而有个性的发展，为学生适应社会生活、高等教育和职业发展作准备，为学生的终身发展奠定基础"。为了达成此项任务，该方案预设了三项具体的"培养目标"：具有理想信念和社会责任感，具有科学文化素养和终身学习能力，具有自主发展能力和沟通合作能力。此三项"培养目标"概括而言，即"提升学生综合素质，着力发展学生核心素养，使学生成为有理想、有本领、有担当的时代新人"。

《义务教育课程方案（2022年版）》中，"有理想、有本领、有担当"同样被明确为义务教育阶段时代新人培养的具体要求。其课程改革的重心，也同样落在"注重培育学生终身发展和适应社会发展所需要的核心素养，特别是真实情境中解决问题的能力"之上。

归纳并提炼此两套课程方案的核心信息，可发现一个普适性的课程特征，即：学校教育的课程价值，不再被描述为知识经验的静态化的被动接纳或主动学得，而是被界定为学习者综合素养的动态化习得与养成。课程的终极价值，在于借助学校教育这一特殊载体，帮助学习者建立起适应未来生活需要的正确价值体系、具体生活本领、理性公民意识和健康生活品质。

这，便是"以学习者为中心"。

1. 基于常识和生命的成长诉求

课程价值的取舍与落实，极大程度上取决于学校与教师的教育理念，取决于特定教育理念下的教育主张、教育行为及评价标准。比如，当一所学校能够严格依照国家课程标准组织教育教学活动，当该学校的所有教师都能够依照国家课程方案和学科课程标准施行有效的教学行为时，该学校的教育理念一定契合"以学习者为中心"的课程价值诉求。而当一所学校的一切教育教学行为都只服务于升学率这一目标时，该学校与教师便必然无视已然客观存在的国家课程方案和学科课程标准，只依照自身的意愿掌控教师的教学行为和学习者的学习行为。

从这一视角的观察结果而言，学校课程价值的定位与实现，更大程度上取决于学校的办学理念和教师的教育情怀。所谓的"以学习者为中心"，最终也必然体现为学校和教师的课程认知能力和教学实践行为。学习者固然可以将自身视作学习的主体和中心，但倘若学校和教师只关注静态化的知识经验的传递与理解，不关注动态化的能力养成和指向未来生活价值的综合素养，则即便有最先进的顶层课程设计，有数以亿万计的最具成长渴望的学习者，也最终无法实现理想中的课程价值。

有一种常识时常被学校和教师忽视：所有的学习者之所以进入学校接受系统化的学习，绝非为了被动接纳各种静态化的学科知识，而是为了更好地成长。学习者在十余年的学校教育过程中，固然需要积累一定量的专业知识，但更需要不断拓展视野、丰富情怀、提升能力、养成良好的思维习惯和行为习惯，为走出学校后的数十年人生奠基。学习的本质，归根结底在于内修德行、外修能力，学会"像专家一样思考"，能够从容应对复杂社会中的复杂人际交往。

遗憾的是，课程以及常识都在倡导的基本性价值认知，却很难落实到具体的学校教育教学行动之中。尽管国家层面上的课程改革持续性推进，尽管每一次课程改革都将教育教学朝向更科学、更理性的方向推进一大步，但依旧未能从根本上扭转学校教学中的"以知识为中心"甚至"以应试为中心"

的错误认知。相当数量的学校和教师，日复一日"坚守"着"知识搬运工"的岗位，致力于通过大容量的课堂教学和课后练习，传递各类缺乏"生活价值"的"配方知识"。这样的教学行为，实在是对课程价值的彻底颠覆。

真正意义上的"以学习者为中心"的学校教育教学行为，必然以常识和学习者生命成长诉求为着力点。学校以及教师应始终秉持国家课程方案中预设的育人目标，努力创设最优化的学习情境，"让学习真正发生"。比如，在教学中推行项目式学习，引导学习者主动探究相应的真实性学习问题。再如，摒弃"以考定教"的功利化课程观，代之以"依据生活价值定教"。

立足于学习者成长需要这一视角审视当下学校教育中的各种行为时，可以发现很多值得深思与探究的问题。以语文学科的学习为例，面对一篇具体的课文时，缺乏课程意识的教师往往热衷于"串讲"文本，将来自教学参考书中的各种信息不分详略地全部灌输给学习者；拥有一定的课程意识的教师往往能够依托教材预设的目标和任务取舍相应的教学内容，再由教师将这些内容设计成具体的学习任务或问题，然后引导学生渐次探究这些任务或问题。只有真正建立起"以学习者为中心"的课程价值的教师，才会想着如何组织开展主动性的、探究性的学习实践活动，想着如何打通学习内容和具体生活的逻辑关联，想着如何引导学生运用课堂上的学习所得探究具体的社会生活问题。"以学习者为中心"，究其本质而言，是一种唤醒与激活。

2. 真实性问题情境与真实性学习

在学校和教师两大载体之外，影响"以学习者为中心"这一课程价值诉求的因素还包括课程自身的结构以及真实性的问题情境。《普通高中课程方案（2017年版）》倡导的"重视以学科大概念为核心，使课程内容结构化，以主题为引领，使课程内容情境化，促进学科核心素养的落实"，正是从课程结构和学习情境两方面对当下学校教育中的学习路径与学习方法做出了具体的指导。在学校教育中贯彻落实"以学习者为中心"的课程价值理念，必须依据这一指导纲要，全力推进学科大概念研究和课程内容情境化研究。

2018年以来，基础教育领域中针对学科大概念展开的研究不可谓不丰富，但真正能够形成实践性指导价值的理论成果和经典案例却少而又少。可以说，能否依托学科大概念的统领，结合国家课程方案和各具体学科的课程标准，形成细化的、可操作的单元（或者项目）大概念，已然成为决定课堂教学形态、方式、方法、理念等教学要素的关键性内容。"以学习者为中心"就必然需要依据学习者的成长需要，科学界定各学习单元（或者项目）的大概念，并以其为核心，统领起该学习单元（或者项目）的学习任务。然后依照该大概念，创设真实性问题情境，将学习者置入此情境中开展自主性研究活动。如此，学习才能真正发生。

在致力于真实性学习的学习实践中，必须纠正一些错误的认知。比如，有人认为学习就是接纳并消化各种知识信息；有人认为学习就是在教师的引导下一群人共同探究某些预设的问题；有人认为学习就是深耕教材，吃透每一个知识点，全方位掌握相关学科的结构化知识信息；有人极端功利地将学习定位为听课、做作业、考试……凡此种种，皆只属于学习中的某一种客观质态，并不构成完整的真实性学习。真实性学习的大前提是"以学习者为中心"，小前提是拥有并真正落实完善的课程标准，能够在学习中全力施行"大单元教学""项目式学习""跨学科学习"，致力于运用来自教材的相关知识或经验，探究并解决具体的生活问题。"以学习者为中心"的真实性学习，不但强调学习者的思维在场、生命在场，而且特别关注学习内容与当下生活、未来生活的学理关联。

仍然以语文学科的教学为例：当学习者面对任意一个素养单元的学习内容时，"以知识为中心"者必然侧重于该单元中各类知识信息的发现、传授与运用；"以能力为中心"者必然侧重于利用这些特定的文本组织多项能力训练；"以学习者为中心"者则必然着眼于该单元的大概念生成，并据此而细化各具体教学课时的学习任务，同时创设各具体教学课时的真实性问题情境，使学习者在特定情境中主动思考、认真钻研、合作探究，最终养成能够适应未来生活需要的真技能、真素养。

"以学习者为中心"的课程价值定位中，真实性问题情境是实现课程价值的基础性载体。只有置身于真实性问题情境中的学习，才能真正落实所学内容的课程价值。因为，真实性问题情境中的学习，是远离了死记硬背，剥离了模版套路，凸显学习者个体的独特思考、感悟与实践的综合性学习活动。在这样的活动中养成的能力，才具备真实的"生活价值"，才能够为学习者未来人生中的数十年发展奠定根基。

3. 素养目标的生成路径及其实现

在 2016 年 9 月 13 日正式颁布的《中国学生发展核心素养》总体框架中，核心素养被界定为"人文底蕴""科学精神""学会学习""健康生活""责任担当""实践创新"六大类别。此种分类，既关注了学校教育中的知识习得和文化传承，又强化了个体成长中的学习能力和生活能力的养成，还倡导了学习者应对未来生活时必备的责任意识和创新能力。很显然，此六大素养，不但依托于具体的学校教育和特定的课程，而且依赖于学习者自身的学习品质，依赖于学习者在学习过程中的主动思考、合作探究和深度对话。

绝大多数中小学教师并不关注这样的分类，更不关注每一种类别的详尽解读。但这是基础教育的纲领性文献，是建构"以学习者为中心"的课程形态的焦点。学习型教师只有认真研读这些内容，才能祛除大脑中的"以知识为中心""以应试为中心""以教师为中心"的认知偏差，真正确立正确的教育观。

下面三段内容对于素养目标与生成路径间多样态关系的解析，值得学习型教师深思：

"人文底蕴""科学精神"更多获益于常态化学习活动中的感悟与积累，需要学习者从学习内容中及时发现并主动消化吸收。"人文底蕴""科学精神"的实现，是学习者与教材等课程资源积极"对话"的结果。如果没有学习者的主动投入，即使终日面对各类具有丰厚"人文底蕴"和"科学精神"的学习素材，也无法实现此两类核心素养的传承与理解。

"学会学习""健康生活"两大核心素养的习得，则更多来自学习者个体的自我建构。如果说"学会学习"尚且有可能借助外力的引领而逐步养成，那么"健康生活"就完全属于学习者个体的内在自我修炼。"学会学习""健康生活"不但指向学习者当下的学习与生活，而且指向其漫长人生中的终身学习和终身健康生活。"学会学习""健康生活"均离不开学习者这一中心的自我觉解、自我实践和自我完善。

"责任担当""实践创新"的实现，离不开"人文底蕴""科学精神""学会学习""健康生活"的支撑。学习者缺乏丰厚的"人文底蕴"和"科学精神"，往往难以形成必要的"责任担当"。学习者未能养成终身学习的意识和能力，不具备"学会学习"的素养，必然难以在学习和工作中"实践创新"。至于"健康生活"，更是涵盖了前五种素养。"健康生活"的本质，其实就是"有理想、有本领、有担当"，就是处理任何问题时能够合理运用"专家思维"，能够从容应对复杂的人际关系。

梳理学习者必备六大素养间的彼此关系，有利于更好地探究"以学习者为中心"的课程价值的落实方法。既然六大素养均无法通过知识经验的告知和传递而自动获取，便只能修正学校教育中的认知偏差，扭转"以知识为中心""以应试为中心"的认知思维，逐步建立并完善"以学习者为中心"的课程价值定位。此种修正、扭转和建立，是学习者个体的事，更是学校和教师的事。

从学习者角度而言，至少应该确立"自主、自律、自启"的成长意识，将学习视作自己的责任，在自主学习中学会学习。从学习型教师角度而言，则应该深入研究国家课程方案和学科课程标准，依照课程方案和课程标准的要求，持续性推进教学改革。"以学习者为中心"的学校教育中，如何帮助学习者"学会学习"并"健康生活"，如何推动其成长为具有丰厚"人文底蕴"和"科学精神"、具有强烈的"责任担当"意识和"实践创新"品格的时代新人，是一项需要长期研究的学术课题。

第四节

主动试错

如果我们从不犯错，那么，我们是否能够成为圣人？

这是一个永远无法用实例进行验证的问题，因为，从古及今，这个世界上所有被称为圣人的人，都犯过各种各样的错。比如对于听课时睡觉的学生，圣人也没有压住心头的愤怒，骂出了有违师德的"朽木不可雕也"。如果将这一句骂放到当下，"万世师表"的孔老师有可能被当事人或者家长投诉。

既然圣人都会犯错，凡夫俗子的我们，还有必要畏惧工作中可能出现的错误吗？事实上，人人皆会犯错，焦点只在于我们是主动试错，还是因无知或失误而犯错。试错当然不是明知陷阱却故意往里面跳，而是在不确知结果的前提下，探究验证一种可能或应有的存在。

学习型教师的学习力养成，离不开必要的试错。

1. 知错，然后回归正途

试错的结果只有两种：要么成功，要么失败。

从重大科研发现的视角看，几乎所有的试错都建立在利用既有科学原理合理推定未知信息的前提之下。因为是未知，是前所未有，所以往往要历时数十年的探究，经历无数次的失败，才能找到那隐藏在重重遮蔽之后的唯一正解。

中小学教育教学研究却不同于科技领域中的创新与发现。教科研成果的鉴定既具有强烈的主观倾向性，又具有价值认定的模糊性，故而其"对"或"错"往往并无一个绝对的标准。这就极容易视"错"为"对"，指鹿为马，明明起点处就出现了偏差，却始终以为真理在握。至于主动试错，则亦有可能将一个有着漂亮包装的赝品，误当作表里如一的正品。

从这一点而言，主动试错的前提必然是"知对错"。唯有先"知对错"，才能在试错的过程中及时发现错误，然后回归正途。

教育教学中，什么是"对"，什么又是"错"？

检验对错的标准或许很多，最基本也最有效的莫过于常识。有班主任"教育"学生"高中三年要舍弃一切欲望苦学，考取大学了就可以尽情玩游戏、谈恋爱了"，这就是典型的反常识、反规则。此种荒诞认知，学习型教师当然不会有。但学习型教师却会在一些缺乏定论的问题上犯糊涂，颠倒了是非，混淆了对错。

比如，基础教育阶段真的不能倡导"快乐学习"吗？

有一些学者或者中小学校行政管理人员声嘶力竭地反对"快乐学习"，认为唯有倡行苦读才是读书正道。为了证明自身观点的正确，这些人会从古今中外的学习者中选取众多典型事例进行论证。正面的例子如头悬梁、锥刺股、凿壁偷光、囊萤映雪，夏练三伏、冬练三九；反面的例子如美国的"快乐教育"加大了阶层分化，致使产业工人的后代整体性丧失了向上攀爬的能力与机会等。

这样的认知有道理吗？用常识去衡量这"苦"与"乐"，立刻一目了然。

所有的正向例证中，那些"苦学"者骨子里厌学吗？如果他们不热爱学习，不能从学习中发现常人不能发现的快乐，那么，他们为什么要做这样的事？反向例证中的"快乐"，指向学习过程中的身心愉悦吗？指向思考与发现的乐趣吗？

这样思考后，就会发现所有反对"快乐学习"的人，其反对的"快乐"仅仅是与"学习"毫无关联的自我放纵、不思进取，属于世俗意义上的吃喝玩乐。真正意义上的"快乐学习"，追求的则是将学习者带入无尽的知识海洋之中，让他们见识到知识、生活、生命的无限的缤纷和无际的美妙，由此激发出强烈的好奇心和探究欲,进而全身心投入其中,哪怕三个月不知肉味。"快乐学习"中的"快乐",是当事人自身的强烈情感体验,不是局外人硬贴的标签。

常识可以诊疗教育认知中的病症。面对一些难以判定对错的问题时,学习型教师需要将问题置入常识的显影液中,让其显现出真实影像。陈景润窝在六平方米的小房间中没日没夜地演算"哥德巴赫猜想"时,他心中万分痛苦吗?袁隆平光着双脚在泥泞的水稻田里一边行走一边观察时,他心中充满怨愤吗?骄阳似火的正午,在篮球场上奋力奔跑的那群孩子,他们正在遭遇非人折磨吗?答案皆为否定,因为他们都是乐在其中。

明白了这样的常识,学习型教师在倡导学生"苦学"时,是否应该及时纠偏,发现错误,回归教育的正途呢?"苦学"之"苦",不过是他人视角下的认知。如果"苦学"带来的不是内心中的愉悦,而是精神与肉体的双重折磨,是灵魂乃至生命的极度摧残,那么,这样的"苦学"还是教育吗?还是基于"人"的成长诉求而开展的公益性活动吗?

2. 在正确方向上试错

试错与明知故犯属于两个完全不同的概念。所有的试错,均建立在朝向特定正确方向、特定正确目标前行的前提之下,属于行进路上的主动探索。明知故犯则是建立在认知扭曲甚至自我毁灭基础上的任意妄为。试错的起点是理性认知,明知故犯的起点是反规则、反逻辑。

在教师的专业成长过程中,为了探索最新的教学理论、摸索最适宜的教学技法,必然要在已有认知经验的基础上继续奋力前行。这前行的路径中,有些路段已被相当数量的先行者踩踏过、标注过,但依旧不能确定是否一定可以抵达心中的那个目的地,有些路段则始终人迹罕至,更加无法知晓前路是荆棘载途还是桃红柳绿。如此,要继续行走就必须有试错的勇气。

以本轮课程改革为例,面对大单元整体化教学、真实性问题情境、任务群学习、项目化学习、跨学科学习等太多的新理论、新主张、新策略、新方法、新概念,近乎百分百的中小学教师均陷入迷惘困顿之中。怎么办?静候课程改革的顶层设计者们手把手地慢慢教，完全学会了之后才去上课？现实显然不允许。只能摸着石头过河，边学习边实践。如此，错误当然难免。

2019年，我协助一位教师参加市级优质课竞赛。我们从学情出发，依照学生在课前自主学习清单上反馈的问题整理出特定的"问题串"，串联起整节课的学习与探究。结果，这节课只获得了二等奖。当时我们很不服气，觉得一等奖的课只有表面上的热闹，没有对文本的深度解读。

2020年，再次协助这位教师先参加市级基本功大赛，再参加省级基本功大赛。经过一年的学习与实践，我们已开始接受真实性问题情境下的大单元整体化教学，知晓2019年的失败是因为当时的我们依旧属于"教教材"，并未进入"用教材教"的认知层次。那次，我们将备课的主要精力放在了创设真实性问题情境上。结果，那次的课在市内获得了一等奖，省赛时依旧是二等奖。

问题出在何处呢？我们将一等奖的课拿过来进行对比分析，发现我们又将力量用偏了，过多重视了"情境"中的活动，却未能很好地激活"活动"中的思维。也就是说，我们从一个极端走向了另一个极端。

以2024年的课程认知力回望这两次赛课中的探索，我认为我们就是在试错，而且是在正确的方向上试错。备课、磨课时，我们当然不知道我们的思考与认知存在错误。以2019年的那节课为例，倘若沿袭上一轮课程改革的评价标准，它无疑是一节极为优秀的课。那时，我们对课程改革的认知尚未抵达应有的高度，便只能以自我认知中的"最好"为标准，去雕琢那节课。

2020年的那节课，如果依旧采用2019年的教学构想组织教学，便属于"明知故犯"，因为一年间的学习与实践已证明了它是错的。那节课虽然依旧只是二等奖，但它同样是在课程改革的路上展开的积极探索。经过这样的试错，我们又一次修正了对新课程改革的教学形态的认知，对真实性问题情境、培养专家思维有了高一个层级的理解。

如果说这样的试错依旧带有一定程度的被动色彩，那么，在日常教学中主动开展课程改革实践便具有更积极意义的试错特征。我在协助他人赛课时既然两次都遭遇了失败，那么我就有必要在自己的课堂上反复探索，一定要找出最契合当下课程改革要求的教学新技法。后来，我和我的"三度语文"团队陆续开发出多个成功课例，发表了多篇教研论文，出版了两部著作。我们的研究一步步朝向更具课程理性的方向健康前行。

3. 成功，然后更上层楼

据说，白炽灯泡中的灯丝是经历了二十八年的实验，试错了一千余种物质之后，才最终选定了钨丝。

但二十八年间实验并非总是在失败，而是不断获取一个又一个的成功，然后在成功的基础上继续试错，寻找更好的存在物。

先是爱迪生在1879年研制出用碳化棉丝做灯丝的第一盏电灯。这个灯泡连续使用四十五个小时之后，灯丝才被烧断。

接着是爱迪生在1880年研制出用碳化竹丝做灯丝的灯泡，使用寿命延长到了一千多个小时。

然后是库利奇在1906年研制出钨丝灯泡。

最后是米兰尔在1913年发明了功率更大、寿命更长、效率更高的充气钨丝灯泡。

白炽灯研究中的此种接力，投射到中小学教师的教科研上，同样意味着一种永不满足的试错品质。我们总说"学无止境""教无止境"，为了心中的那份"更好"，任何一位学习型教师都必须不被眼前的些微成功遮蔽了慧眼，迈开双脚，继续寻觅高远处的更多风景。

已经取得了市级优质课一等奖，那就研究省级一等奖的教学设计，争取下一年拿下省级一等奖。

已经拿下省级一等奖，那就将这节课的收获应用到日常教学之中，让每一节课都具有这一等奖的水平。

已经对教育教学形成了相对完善的认知，那就将这些认知写成论文，拿到期刊上发表，给同行们提供必要的认知帮助。

已经发表了论文，那就以这一篇论文为起点，形成体系化的研究，发表体系化的论文，最终出版教育教学专著。

已经取得了优异的教学业绩，那就认真总结其中的经验，剥离以比拼消耗为代价的不合理元素，融入新的方法，追求更为高效的优异成绩。

已经成功改变了一个顽劣的孩子，那就总结转化这个孩子的全过程中的得与失，将其推及更多的孩子，形成一个班集体的成功转型。

……

这些事，有哪一件不值得学习型教师深入钻研？钻研的过程中当然会遭遇失败，会焦头烂额、左冲右突，会山重水复、无尽迷茫，但这些都是必不可少的过程，都是走向成熟与卓越的路程中不可或缺的试错。不经历这样的试错，就只能在山脚下看风景。

4. 在反思与提炼中成长

试错属于手段，成长才是目的。手段与目的之间，还需要桥梁与路径。这桥梁与路径，便是反思和提炼。

如何判定行动的对与错呢？当然离不开反思。反思是建立在行动之上的理性审视，是判定对错的最常用检测剂。

主动试错中的反思，可从如下五个方面进行：

其一，反思目标设置的合理性。行动之初设定的目标，未必全然合理。开始行动后，需要结合具体的成效推敲鉴别，判定其对错。对，则继续前行，义无反顾；错，则立刻终止，回归原点，再辟一条新路。

什么是具体的成效呢？从教育教学的终极目的而言，就是核心素养的落实。体现在细节上，就是看设置的目标是否有利于激活学习者的主动性、好奇心与相应的学习思维，是否有利于培养指向未来的必要能力。

其二，反思任务分解的层级性。目标无论大小，均需要特定的任务支撑，而任务又必须有序分解，渐次落实。当任务分解不合理时，轻重主次难以分清，眉毛胡子一把抓，错误也就难免。反之，理顺了任务分级关系，依照由浅入深、由易到难的阶梯状特征稳步推进，很多看似很难完成的任务，也变得不再艰难。

其三，反思主体在任务中的地位。我对"教师主导，学生主体"的观点持不认可态度，因为该主张貌似强调学生在学习中的主体价值，但其学习中的一切行动均建立在教师这个"主导"的指挥棒下，本质上依旧属于消极被动地学。我认为，最理想的课程质态，应该是教师和学生的双主体和融共生。只有将教师也纳入学习者的行列，使其充当学习者的领头羊，才能有效建构自主学习与合作探究相结合的学习氛围，才能有效达成"让学习真正发生"的学习意愿。

其四，反思行为活动的针对性。日常教育教学中的主动试错，是探寻教育教学本真规律进程中的具有鲜明指向性的实验。既然是实验，就要有预设目标、预设程序、预设效果。对试错中的具体活动进行反思时，就要看这些活动是否指向特定目标，是否偏离预设的流程，是否达成了预想的效果。一旦形成了偏差，则又要探究出现偏移的具体原因。

此种反思，有利于规范教育教学行为，将教育教学由感性经验驱动引入理性认知推动的轨道。

其五，反思监测评价的科学性。当我们为试错中收获的"意外惊喜"而得意时，如何验证此种惊喜是否符合教育教学的应有规则呢？这便需要有一个超越于教师个体情感与认知的客观监测评价体系。此种体系不是地方教育主管机构拟制的升学率量化考核标准，而是国家课程方案，是指向"人"的多重发展需要的纲领性文件。只有将试错中的收获放到这种体系中进行辨析区分，才能避免因为个体以及小环境的认知偏差带来的行为偏差，才能促使试错朝向精益求精的方向更好地发展。

提炼属于反思基础上的认知升华，是将所有的反思纳入特定的思维逻辑中进行编织，使其形成一张独特的思想之网，或者一份独特的思维导图。

主动试错中的提炼，也有固定章法可循。具体如下：

第一，提炼要以正确目标为纲。提炼是建立在若干的具体事实基础上的概括，是由具体生成抽象。提炼的价值在于回归具体，用抽象理论引导更多的、更广泛的具体行动。故而，对主动试错中形成的提炼，不能体现为碎片化的感悟，也不能演变为简单的经验总结，而是要围绕特定的正确目标和特定的概念进行抽象的概括。提炼要聚焦，要紧扣目标进行概念性阐释，要关注可行性论证。

第二，提炼要依照任务层级有序展开。宏观驾驭能力极强的主动试错者，可立足于试错全程进行复盘式概括提炼，建构完整的"信息树"。缺乏整体架构能力的主动试错者，则应依照试错的任务层级和对应活动分项分点提炼，先形成小概括，再将小概括汇集起来，形成大概括，最终形成整体性认知与觉解。

第三，提炼要指向学生的理解力。表面上看，主动试错是教师行为，目的在于探究最合理的教育教学路径，寻觅最科学的教育教学技法。对主动试错中获取的各类信息进行归纳提炼，也是为了服务于教师的专业发展。事实上，教师的专业发展始终无法脱离教育教学这个主旋律，其对一切教育教学理论、教育教学行为的提炼，最终都要作用于学生的成长需求。从这一点而言，主动试错中的提炼，哪怕是对深奥的教育教学原理的提炼，其最后的输出，一定也指向学生的理解力，指向学生的主动学习能力培养和专家思维方式培养。

第四，提炼要指向概念和概括性理解。美国学者林恩·埃里克森和洛伊斯·兰宁在《以概念为本的课程与教学：培养核心素养的绝佳实践》中，分别呈现了一幅"知识结构图"和一幅"过程结构图"。两幅图的相同点，在于从具体的事实或者技能、策略中提炼出若干概念，再由这些概念形成概括，进而上升为原理。这两幅图中一致强调的"概括"，属于超越于具体知识、具体技能之上的概括性理解。戴维·珀金斯在《为未知而教，为未来而学》中，则将此种概括性理解称为全局性理解。学习型教师其实无须纠葛于两个词汇的词义差别，真正的关注点应该是如何借助提炼达成概括性理解（或全局性理解）的目的。事实上，这又回到了本轮课程改革的最核心概念之上：学科大概念。有关此概念的详细阐释，将在第五章第二节具体论述，此处不做深解。

第四章　修炼在日常

中小学教师的日常，通常由一节又一节的家常课、一份又一份的作业、一次又一次的谈话、一个又一个的研修或培训构成。学习型教师则是在这些日常工作之外，又自主附加了阅读一部又一部的专业书籍、撰写一篇又一篇的教研文章、参加一次又一次的自发性专业交往活动。这种种形态的工作或活动，倘若将其视为一份不堪忍受的重荷，则必然收获一份长久的、全身心的煎熬。如若将其视为一份修炼，则经历过的每一个文字、每一个案例、每一个故事、每一位学生、每一位同事，甚至擦肩而过的每一缕清风、每一束日光，都足以构成点缀职业生活的一份色彩。于中小学教师而言，修炼始终包含了两条路径：内修德性，外修才干。德才双修，方能德艺双馨。

第一节

不放弃任何一个机缘

谁能未卜先知，准确说出若干年后的自己一定会看到什么样的风景、读到什么样的书、结识什么样的人、做成什么样的事、取得什么样的成就？尽管我们总是相信"一分耕耘，一分收获"，但谁又能够保证未来一定可以心想事成、万事顺遂？事实上，未来之所以可期，皆在于我们对当下付出的行动的信任。行动未必一定就有收获，不行动则绝对不会有收获。

在学习型教师的专业成长过程中，行动不仅体现为认认真真做好分内之事，而且体现为不放弃任何一个机缘。机缘是台阶，是桥梁，是动力，是镜子，是催化剂，是生长素。机缘可以偶遇，更需要主动寻觅与及时把握。

1. 珍惜生活中的那棵"树"

如果你正在旷野中跋涉，你的视线中突然出现了一棵树，远远地，仅仅能看出它是一棵树，那么，这棵树与你有关吗？

你并不确定自己是否要往这棵树的方向行走，也不确定想要从这棵树上获取点儿什么。你或许认为你是你、树是树，你俩毫无关联，哪怕你从这棵树下走过，甚至在这棵树下享受片刻的绿荫遮蔽，依旧你是你、树是树。

但这棵树已然注定与你有关。只因为你看到了它，它也看到了你。它与你之间，已经形成了一种机缘。有了这种机缘，树可以为你遮风避雨，你可以为树修剪枝杈、培土固根。

千万不要小看了这偶遇的树，或许它正是诗人笔端的春风桃李，画家墨间的丹桂腊梅，庄子文中的大椿，陶令心头的绿柳。它能给那么多个高尚的灵魂带来滋养，同样就能为你的生命平添一份明媚或温暖。

生活或工作中的每一个他者，都是我们生命中偶遇的一棵树。这棵树无论拥有什么样的外部形态，无论拥有什么样的内在品质，只要进入了我们的视野，走进了我们的生活，便都已成为我们的机缘，成为能够构成我们生命能量的外部元素。更有甚者，它还有可能是我们生命中可遇而不可求的"扫地僧"。

金庸先生的经典武侠小说《天龙八部》中，如果不是因为萧远山和慕容博大闹少林寺，谁能想到其貌不扬的扫地僧竟然是绝顶高手？扫地僧的武功既非天生，也非偷习自何种少林秘笈。其修成绝学的理由，无外乎出众的悟性、持之以恒的品性、甘于平淡的习性。

中小学教师的工作圈中，有没有"扫地僧"之类的卓越教师呢？圈子太小，或许真的没有；圈子足够大，则一定有。虽然未必有绝顶功力的卓越教师，至少会有学识渊博、见识出众的优秀教师。

中小学教师一定乐意于向"扫地僧"学习吗？大多数人未必如此，除非是在"扫地僧"名动教林之后。不显山不露水时的"扫地僧"，谁会特别留意他的存在？就算他不经意间露出三招两式，多数人也会以为他在照猫画虎，根本不会想着向他请教功夫。

大多数人都是这样，总认为身边没有高人，没有风景。形成此种认知的根源，在于他们预先在心中设定了一个世俗价值的框架，只看显性的成绩，不看潜在的力量。更要命的是，他们设定的这个价值框架，还只以一个病态的标准——应试成绩——充当度量衡。

如此，"有眼不识金镶玉"便成为常态。自身明明只是随风摇曳的一株草，却恼怒于身旁的树抢占了阳光、掠夺了养分，进而讥讽这树过于粗壮，无法在风中舞动婀娜的身姿。于是在心中诞生出阿Q的精神胜利法，以为这树不过如此，全不值得欣赏与学习。

如果你也是一棵树，一棵挺拔的树，或者只是一棵瘦小的树，你还会用鄙夷的目光对待那茁壮的树吗？你需要认识到，这树与你一起共同生长，这树会在风雨来袭时为你遮风避雨，这树既然如此茁壮，一定有它独特的生存之道……总之一句话，这树值得你珍惜与交往！

这，才是学习型教师应有的态度。学习型教师始终要以树的形象，站立在其他树的身旁，向其他树潜心学习。当学习型教师真正能够以虔敬之心审视他人时，就会发现每一个人都各具特色，纵使未必能够引之为师，却也必有可取之处。更何况，万一你幸运地遇到了一位"扫地僧"，他又愿意潜心点拨你的技艺，锤炼你的品格，你不就立刻拥有了生命中的那个"重要他人"？

对待"树"的态度，检验的便是学习型教师的学习力。

2. 走出去，不只是为了看风景

基础教育阶段的学校中，有一个很有趣的现象：相当数量的教师，不愿意接受外派学习的任务。

我也不愿意被外派学习。最主要的原因是必须调课，既麻烦他人，也折腾自己。另一个原因是被外派的学习，其内容往往非我所欲。我之所以必须参加这样的学习，仅只是为了完成填充报告厅中一个座位的"重任"。

但我乐意参加一些民间性质的学术交流活动，即使需要调若干节课也愿意。民间性质的活动很多，我可以依照自己的兴趣自由挑选，这便在心理上形成了一种不被绑架的松弛和愉悦。挑选什么呢？既选内容，也选方式，还选人，亦选"风景"。

从内容上看，我偏好于选择理论与实践相结合，且以实践为主的活动。我固然需要了解更多的教育教学理论，但若这理论缺乏实践案例的支撑，便会觉得它未必不是空中楼阁。当然，这也从另一个角度暴露出我理论积淀匮乏的真相。

从方式上看，我偏好于选择互动式活动，至少也是主讲人能够经常走下讲台、走近听众的培训。这样的培训能够唤起我的主动参与意识，让我感受到这培训"与我有关"。

从人员挑选上看，我偏好于长期扎根基础教育课堂的一线教师。这类教师在基础教育的课堂上生、课堂上长，了解基础教育的根底，知晓中小学教师的所思所想，其言行便"接地气"，更容易唤起情感共振。

从"风景"上看，我偏好于活动营造出的那种群体性"激活"之后的兴奋甚至幸福。我参加过若干次这样的活动，来时波澜不惊，去时心潮澎湃。当然，如果时间允许，我也会去观赏自然景观，用山河的辽阔壮美滋养我的情怀。

我的这些偏好并不具备代表性，甚至有失公允。好在它仅仅属于个人行为，并不对他人构成约束。对于学习型教师而言，每个人都有自己的偏爱，也都可以依照自己的偏爱选择想要参加的活动和想要观赏的"风景"，只要它切实有利于自身的成长，有利于为生命开辟更多的窗。

在主动性外出学习的过程中，学习型教师可同时收获四个方面的果实：

其一，接触新理论，了解新方法。主动带来了选择权，有利于依据自身发展需要挑选培训内容、培训方式以及培训者。学习型教师接受培训，当然应以提升学习力与行动力为根本，这便必然需要不断汲取新理论，不断习得新方法。此种汲取与习得，投入度高，针对性强，学思行结合，性价比极高。

其二，感知新高度，确立新目标。主动挑选的培训者，一定是心目中认可的业界精英。此培训者之所以被信赖，是因为其在理论和实践两方面确有成就。追随这样的培训者，其实就是追随一种教育教学的新高度。有了这样的新高度，才能建立新的奋斗目标，进而开展新的探索，收获新的发现。

其三，形成新思考，体验新文化。学习型教师当然不会只是培训中的鼓掌人，更应该是思考者、研究者，甚至是批判者。于学习型教师而言，参与任何一场主动挑选的培训，都需要尽量剥离情感的附加，从学理层面进行甄别、体验、对话与吸纳，尽可能深刻地抵近特定文化的内核。这是一个不断扬弃的学习过程，在此过程中，认知会越来越清晰，体验会越来越具体。

其四，发现新机缘，获取新动力。只要你不是超级内向之人，那么，你在主动参与外出学习活动的过程中便必然要和他人打交道。你主动选择了这个培训内容、这个培训方式、这个培训者，他人也如你一样进行了选择，你们便属于"尺码相同的人"。正如前文所言，原本你和他人只是彼此独立的树，因为外出参与共同的活动，你们彼此遇见，形成机缘。如此，你的生活中从此又多了一份关注、一份激励、一份动力，你也同样充当起他人的关注者、激励者与动力源。

3. 难题是一种另类的恩赐

平心而论，我不喜欢总是给我"出难题"的学生，但我喜欢挑战教学中的各种难题。此种取舍的背后，是一种"避重就轻"式的逃避，属于能力匮乏和认知偏差。我也有几个好朋友，喜欢和各种各样的学生打交道，却不喜欢钻研教学中的"疑难杂症"。这同样属于能力匮乏和认知偏差。

完善的教育必然包括育人和教学两个部分，完善的教科研也应该兼顾这两个部分。只是，绝大多数的中小学教师如我和我那几个好朋友一样，总会因为情感、性格、偏好等因素的制约，在有兴趣的问题上乐意于投入大量的时间和精力，在缺乏兴趣的问题上则少有深入的探究。如此，专业发展便受到了限制，无法抵达得心应手、融会贯通的境界。

能够将育人和教学两方面的难题都纳入自己的研究视野之内，选定适宜的论题，朝向纵深持久探求，这样的教师注定能够成为真正的教育家。确实只对一个方面有兴趣者，也未尝不可以集中力量主攻自己的兴趣点，但必须适当兼顾另一方面内容的研究。这样的教师有可能发展为专家型教师。

育人和教学两方面，永远有探究不完的难题，而且这些难题还始终伴随着社会的发展变化而不断衍生众多的新变体。育人方面以"戒除网瘾"为例，教育者面对的难题就至少经历了"如何远离网吧""如何在家庭中有限度地上网""如何不成为智能手机控"这三个发展阶段。长期担任班主任工作的教师，一定都被这三个难题折磨过。教学方面以备课为例，也至少遭遇了1980年代前期无任何参考资料、1990年代教学方式不断翻新、2000年代"三维目标"拟制、2010年代网络教案眼花缭乱、2020年代真实性问题情境的创设等诸多难题。

对懈怠者而言，每一道难题，都是一个障碍物，一份阻力，难题多了，畏难情绪便多，职业倦怠便多，牢骚怪话便多。对学习型教师而言，则应视每一道难题为一个微型研究项目，然后依照自身的工作需要，沉浸到这道难题的探究与解决中。如此，每解决一道难题，则是多搭建了一座桥，多架设了一架梯，多铺设了一级台阶。日积月累，也就有能力跨越万水千山，见更多景致，享更多思考。

日常教育教学中，发现难题很容易，解决难题很艰难。学习型教师要全面提升自己的学习力，就需要利用好难题这块磨刀石，不断磨砺自己的思维，使其始终保持锐利的品质。绝不能畏惧难题，逃避难题。

前些年流行过一句话："态度决定一切。"缺乏科研态度时，难题就是麻烦，就是绊脚石；拥有科研态度时，难题就是机遇，就是登云梯。名医之所以有名，就在于他钻研过太多的疑难杂症，能治疗别人无法治疗甚至发现不了的病症。学习型教师也当如此，在对诸多难题的深入研究中，建立起超越寻常的见识力、行动力和教育力。

4. 将他人变成压力和动力

生活于校园中，"我"之外皆为他人。他人中，真正能够成为生命中的那个"贵人"的人终属少数，绝大多数的人仅仅是同事，是所教班级的学生，是并不认识的其他年级、其他班级的学生。

前文说过，这些他人依旧"与我有关"。除了因为他们都有可能构成"我"的"机缘"，还因为他们都有可能构成"我"的压力或者动力。

如果同事中有人参加大型教学竞赛活动并取得了优异成绩，你该如何对待这件事？真心实意地喝彩？心怀嫉妒地表达祝福？假装不知道这件事？认为这件事与自己没有任何关系？这些都不是学习型教师应有的学习质态和专业交往质态。学习型教师应该做的，是主动且深入地研究这位同事的教学设计，最好是详细观摩他的教学视频，从其课堂的整体架构和细节处理等多个方面汲取养分。当然，在不影响该同事工作与生活的前提下，还应该主动与其交流、对话，了解其对这节课的思考、对这门学科的思考、对教学这件事的思考、对教师专业发展的思考。这样做时，同事就成了你专业发展的一个动力。

　　现实的成长环境中，也有少量的学习型教师不幸碰上了小肚鸡肠的管理者或一般性同事。你做出来的成绩，他视而不见；你在工作中出现了些微瑕疵，或者仅仅是所做之事不合他的心意，便在各种场合诋毁你，打压你。如此，你该怎么办？最好的方法当然是换一个环境，但这一点很难做到。退而求其次，就是视之为无物，只管一门心思强大自身。只有当你强大到与他隔了数个台阶之后，他才再也无法伤害到你，只能在你的身后，在你被阳光照亮留下的阴影里咬牙切齿。

　　学生与教师之间的关系，其实也是一种双向的成全。如果你很有幸，遇到了一群或者几个乐学善思的学生，他们在学习之外还经常找你聊天，谈对社会中各种问题的思考，谈对人生中诸多问题的困惑，那么，这些学生也都足以成为你专业发展的动力和压力。学习型教师在面对这样的学生时，一定不会只想着用既有的感性经验与其交流，而是会在交流中及时发现问题，然后形成相应的阅读。

　　文学作品中，有人的地方就有江湖。教育语境中，有人的地方就有成长。你的成长，归根结底只是你自己的事。端正好自己的心态，迎候各种各样的人，接纳鲜花，接受批评，如此则一切都不过是生命的点缀。

第二节

做一点分外之事

辨析"分内事"与"分外事"时,重点在于"分",不在于"事"。"分",即本分,职责。据说职场中最重要的一个规则,就是各司其职,各尽所能,既认真做好自己一亩三分地内的各种事务,又尽量规避"越界"行为,不抢夺他人的饭碗。

学习型教师在应对日常的工作与学习时,却未必需要严守自己的工作之"分"。以"分"为牢只能将认知与行动锁定在极小的圈子之内,见树木而不见森林。唯有多做、乐做分外之事,才能不断拓展认知面,不断提升判断力与行动力,不断完善自身的知识结构和能力结构。

什么是学习型教师的分内之事,什么又属于分外之事呢?一般而言,只有科任教师的身份,只做学科教学之事,备课,授课,批改作业,与学生交流学科学习中的各种问题,阅读本学科的研究论文和教学专著,撰写本学科的教学论文,均属于分内之事。

至于分外之事,则很难精准界定。比如,语文教师研究数学问题,若干年前或许属于分外之事,在跨学科学习语境下,却又成了分内之事。如果一定要给分外之事贴一个身份标签,我以为只能是一种含糊的表达——不在其位却谋其政。

学习型教师恰恰应该做一个"不在其位却谋其政"的好事者。这不是僭越,不是不务正业,而是自我培养、自我丰盈、自我成就。

1. 在跨学段的自主研修中丰富认知

熟悉高中教学的人都知道，了解初中教学内容的高中老师与不了解初中教材的高中老师相比，其教学设计以及课堂活动的针对性往往更强。同样的道理，居于承上启下位置的初中教师，也应该既了解小学教学内容，又了解高中教学内容，才能在自己的教学中立足于十二年一贯制的知识结构和能力结构，合理设定教学任务，合理取舍学习内容。

极少有学校会要求并督促教师完成这样的跨学段教学内容研修，但对于真正的学习型教师而言，这却是一门业务必修课。只知己而不知彼，教学便难免走弯路。

以语文教学为例，初中学段的教材虽然选编了若干篇文言作品，但并无古汉语语法知识的专题学习内容，诸如词类活用、文言句式等知识点，只是在注释、课后习题中有所渗透。现代汉语中语法知识的学习，如词性、短语类型、单句、复句等，也只是以课后补充资料的形式呈现。如此，学生升入高中后，高中语文教师就有必要针对这两方面的知识组织专题性教学活动，绝不能误以为初中已经系统性学习过，便只在具体课文的赏读中零碎地"复习"。

退一步而言，即使是只在具体课文中"复习"古汉语语法知识，如果高中语文教师能够极为熟练地列举初中课文中的词句作为例证，也容易唤醒学生的知识储备和注意力，帮助其建立应有的知识体系。试想，高一语文教师不了解初中六册课本中选录的文言课文，其高一的文言古汉语知识教学便很难在有限的文本信息之外，完成"举三反一"的知识建构。如果教师所举的例子学生不熟悉，则不但无助于更好地理解特定课文中的学习内容，而且加大了学习难度，形成更大的认知干扰。

历史学科、思政学科、生物学科、音乐学科、美术学科也都存在上述问题。比如，初中学段的中国历史与高中学段的中国历史必然存在着学习内容的交叉。如何在初中学段不"抢跑"，在高中学段不"断档"，是建立并完善历史学科知识体系建构和能力体系建构的基本性课程任务。再如，初中学段的动植物学知识，与高中学段的生物课程知识亦存在交叉关系，同样需要彼此了解。

数理化学科的教师，是否也需要建构跨学段的自主研修呢？我认为同样需要。数理化学科的教师未必需要全面了解本学科其他学段的具体知识信息，但应该了解各类具体知识信息对应的能力要求，了解其他学段在学科教学目标设定、教学任务落实、教学活动开展等方面的具体信息。

在日常教学中主动了解跨学段的学科本体性知识和课程任务，是学习型教师建构课程意识的根本性行为。在此基础上，如果能够更为深入地研究不同学段教学内容的具体教学法，甚至能够真正走进不同学段的课堂开展具体的教学实践探索，则教师的学习力必将获得更大的提升。

2. 积极参与学校文化建设

中小学教师与学校之间的关系定位，主要取决于学校文化。我所说的学校文化，当然不是各学校写在纸上、贴在墙上或宣传橱窗中、编到书里、发表在媒体上的陈述与阐释，而是呈现于日常工作方方面面的细节，比如教师们聚在一起时的聊天内容，校长在教师会上反复申述的任务与指令，师生员工对学校的情感，学校管理层的自身价值定位，等等。很多年前，我发表过一篇短评，题目就是"学校文化是刻在师生脸上的表情符号"。我认为，一所学校文化建设的好与坏，直接影响着师生的心情与表情。

影响学校文化建设的最核心元素，是校长的学养与追求。一个好校长能够带出一所好学校，一个坏校长也极有可能带出一所坏学校。

但这绝不等于教师在学校文化建设上注定无所作为。好校长之所以能带出好学校，前提只能是师生皆有"向好而变"的价值期盼和具体行动；坏校长之所以能带出坏学校，前提往往也是绝大多数师生的群体性不作为。倘若一所学校中绝大多数教师都有一身正气，都能够守住内心的道德底线，不为浮名浊利所诱惑，则即便校长属于坏校长，也难以撼动一所学校的文化根本。

理顺了上述认知，也就可以发现，学习型教师要想拥有一个相对理想的工作环境，绝不能只寄希望于学校管理团队的自我完善，而是要主动参与学校文化建设，让自身成为学校文化建设的一粒良种。

如果你觉得学校的教科研文化氛围不足，那么，你就自己先读起来，研起来，写起来。你的论文发表了，你的教学获奖了，你受邀到其他学校开设讲座了，你评上特级教师、正高级教师了，你获得的这些成绩与荣誉，也就都构成了你所在学校的教科研文化。没有人会对你的这些成就无动于衷。认同者会以你为榜样，开始如你一样行动；嫉妒者虽不会为你喝彩，但也会暗中生出一股不服输之气，为了战胜你而开始如你一样行动。

如果你想拥有一种真正的学术研讨氛围，那么，每一次的备课组活动、教研组活动，你都不要让自己成为听众或者旁观者，而是要真正投入其中，真观察，真思考，真探究。你要勇于质疑，勇于针对具体的教育教学问题提出你的见解。当然，你不能只挑刺，而是要在提出相反意见的同时，也提出基于理性的建设性意见。更重要的是，你还要能够虚心接纳他人的反批评。

如果你发现了学校管理中的某些瑕疵，你也完全可以将你的思考形成文字，既分析其不合理性和危害性，又提出合理的方法与路径，然后交给你的校长。我相信，只要你的校长拥有一定的教育情怀，想将学校办出特色、办出成绩，就一定会认真琢磨你提出的问题与方法。哪怕他全然否定你的想法，也不会觉得你多管闲事、惹是生非。万一很不幸，你遇到一个没有丝毫教育情怀的校长，那么，聪明的你一定也不会浪费时间和精力想着去感化他、教育他。

千万不要以为你一定是孤军奋战。一所学校中，如果有了三五个这样的你，那就足以形成一种良性的力量。我相信，任何一所学校中，总会有几个甚至几十个学习型教师。

3. 努力成为学校工作的智囊和笔杆子

专业阅读必然拓展专业视野，专业反思必然提升专业技能。学习型教师在长期的自主学习过程中，必然会获取相对广阔的文化视域，相对合理的思维路径，相对完善的认知结构，相对丰盈的教育情怀。这些获得又反哺于学习型教师的专业素养，助推其从更高层级上观察教育现象，探寻教学原理，建构教育理性和理想。

此种螺旋上升式的获取与建构，仅仅用来"独善其身"吗？学习型教师虽未必有资格"兼济天下"，但在外部环境允许的前提下，绝对有资格"兼济"自己的学校，甚至所在的地区。

2003年8月，我由安徽跳槽到了江苏。2004年6月起，借助于蓬勃兴起的网络BBS之力，我以普通教师的身份，开始系统性思考教育教学中的诸多问题，陆续发表了数十篇管理类的文章。这点儿"光亮"很快引起了学校管理层的重视，将我招进了一个临时性文字团队，为学校凝练特色性学校文化。我对学校前六十余年的办学理念并不熟悉，但我知道一所学校应该追求什么样的价值主张，于是我提出了"和文化"这个概念，并从六个层面对其进行阐释。我的构想得到了学校管理团队的认同，成为了学校延续至今的核心文化主张。

2008年，有感于学校传统型师徒带教活动的形式化和低效化，我向学校提出开展"123名师工程"的建议，倡议组建由一位学科带头人、两位教学骨干、三位青年教师构成的专业发展共同体。这个倡议也很快得到了认可，学校中一下子出现了十多个微型学术研究团队。

此后，学校先后经历了四星级高中复审、七十周年校庆、省级课程基地申报等多项重要项目建设活动，我都被学校委任为文字材料的总负责人，带领我的"123名师工程"的几位成员高质量地完成了相应的任务。现在，我最初的"123名师工程"中的几位成员，已成为学校管理团队的中坚力量。

我做的这些，如果从岗位职责而言，均属于分外之事。但从教育的良性发展，从学校文化的建设，从良好工作环境的建构，从师者责任而言，则又均属于分内之事。我提出的主张，我设计的方案，或许并不能够转换为学校的具体文化诉求，也或许并不能够形成真正的影响力，但这样的主张与方案，总胜于某些有违教育教学本真的坏建议和馊点子。

悲观的教育者会说，我想那么多做啥，再好的方法他们不采纳，或者采纳了也不落实，不是瞎耽搁时间吗？有这个时间，不如自己多看点书，多写几篇文章。这样的想法不能说完全错误，因为形成这样的想法一定是经历了这样的现实。我却比较乐观，我认为只要学校采纳了我的主张，将我的主张变成了相应的制度、材料或项目，那么，当上一级管理机构进行审查验收时，学校至少要在显性层面上开展一些活动，推进一些项目的建设，这也是一种进步。

更重要的是，被动性的进步累积得多了，慢慢地也就有可能转换为主动性的进步。

4. 多承担一些有益的社会活动

娱乐圈中，流行"颜值担当"这个网络词汇，意思是说某些演员的容貌代表了一种大众化的审美诉求。学习型教师未必需要成为生活中的"颜值担当"，却应该成为教师群体中的"能力担当"，用自身出众的教育教学能力，代表教师群体的情怀、眼界、责任以及使命。

"能力担当"该担当些什么呢？一是担当引领之责，在更大范围内引领更多的教师走向自主性专业发展之路；二是担当服务之任，利用节假日走进社区、走进乡村，为家校合作探究有效方法。这两类"能力担当"固然不排除体制内的规定性动作，比如名师送教下乡、城乡结对、名师空中课堂等公益性培训，但更多应该体现为自主性行为，比如组织一批志同道合的教师开展周末读书沙龙，组建一支公益团队服务乡村留守儿童的成长，利用节假日开设家长课堂、参与社区的家校共建活动。

学习型教师在参加各类社会活动时，并非只是一味地输出，而是先系统性输入，然后选择性输出。承担的社会活动越多，接触到的陌生知识就越多，为之投入的学习时间也就越多。学习型教师要有这样一种意识：既然我要做一件事，那就必须尽己所能，虽不能保证他人百分百满意，却一定要让自己百分百满意。

2024年，我受邀参加某一公益性读书团队，为团队成员导读两部教育理论著作。领受任务后，我先详细研读了这两部作品，对其主要内容进行了必要的提炼整合，随后对阅读中形成的疑问进行了归纳和探究。为了解开心中的疑问，我又重新阅读了相关联的几部教育作品，将几部作品放在一起比较辨析。最后，我从"可资借鉴的主张"和"应该思考的问题"两方面，对这两部作品进行了提纲挈领的导读。活动结束后，有成员感叹地说，原来读书还可以这样去读。

哪样去读呢？批判着读，探究着读，既不全盘肯定，也不全盘否定。

这个例子告诉我们，完成任何一件分外之事时，我们都既在付出，又在收获。相比较而言，付出的少，收获的多。付出的不过是有限的时间和精力，收获的却是思考、发现与系统性探讨。很多时候，恰恰是因为这样的分外之事，学习型教师才得以不断丰富自己的知识储备，将一桶水变成了一池水，又将一池水变成了一湖水。

第三节

像专家那样思考

"专家"与"专家思维",属于并无直接关联的两个独立概念。前者属于身份标签,后者属于认知品质。"专家"未必一定拥有"专家思维",拥有"专家思维"的人也未必一定是"专家"。

辨析这两个概念,并非玩文字游戏,而是为了修正一种意识:当我们强调像专家那样思考时,绝不是指向某一拥有"专家"头衔的人的主张或结论,而是指向一种符合认知规律、建立在概念性理解基础之上的高阶思维活动。

学习型教师应该如何像专家那样思考呢?

1. 立足具体,形成抽象

万物互联的时代,没有哪一种事物能够完全独立于其他事物之外而孤立存在。当若干个具体事物被组合为一个整体之后,其中必然存在着某一种抽象的理解,能够揭示出这若干具体事物中隐藏着的某一共性化特征。发现并精准提炼出这一特征,将其用作解决具体问题的认知基础,是形成"专家思维"的根本。

将此种认知应用于日常的学科教学,便可以发现"专家思维"与"非专家思维"的差异。比如语文教学,一个单元五至七篇文章,有人依照自己的喜好一篇接一篇地随性而教,有人则立足于单元主题和语文要素提炼出统辖整个单元的学科大概念,再以此大概念分解各具体文章的学习任务。前者便属于"非专家思维"，后者则是像专家那样思考。

再如课后作业的布置，有人只求作业量，用最多的作业抢占最多的时间，靠高消耗换得高分数，有人则依照当日教学内容精选不同视角、不同层级的题目，有的放矢地检测学习效果，为下一个教学日确立目标与路径。两相比较，后者显然具备"专家思维"品质。

在全面落实"双减"政策的当下，影响学习品质的要素之一便是科任教师能否拥有"专家思维"。为数不少的中小学教师固守传统教学技法，满足于相关知识信息的条分缕析，再用大量的课后练习强化此种条分缕析中获取的感性认知，这样的教学，从具体到具体，属于知识的低通路迁移，只能收获"少慢差费"的结果。

学习型教师绝不应该满足于这样的学科教学，必须用"专家思维"指导教学实践。

第一，学习型教师必须寻找并发现相邻教学内容间的关联与差异，从具体教学内容的变化中提炼出上位概念的认知结论。教师在课堂上传递给学生的，不能只是一个个具体的例题，必须是由这些例题中提炼出的可实践验证的概念性理解或者原理。

第二，学习型教师必须充分尊重认知规律，在教学中有意设置有梯度的渐进式问题，引导学生一步步朝向思维的纵深处迈进。

第三，学习型教师必须承认学生的认知差异，并为了这样的认知差异而设计不同的学习任务和学习活动，同时应用不同的评价标准进行学业水平界定。

第四，学习型教师必须善于从自身的若干具体课案中发现最有价值的教学信息和最无价值的教学行为，据此形成相对完善的认知经验，指导后期的教学。

此四点，都是由无数的个案中总结出的共性化认知，都是立足具体而形成的抽象。

学习型教师的专业写作，同样存在思维品质的差异。有一些教师有强烈的写作热情，每天也坚持写一些与教育相关的文字，但写作数年却既未写出一篇真正意义上的研究论文，也未写出一篇高水准的生命叙事或者案例分析。究其原因，便在于始终将关注点投放在具体且琐屑的日常事件之中，缺乏对具体事例进行深度分析的概括能力。那些经常发表教育文章的教师，则总能透过一件具体的事件发现背后隐藏着的普遍性的问题，由此提炼出值得关注的共性化病症，归纳出值得推广应用的共性化认知。

2. 大胆质疑，小心求证

学贵有疑。在养成"专家思维"品质的过程中，质疑精神不可或缺。

治学中的"疑"，不是胡乱猜疑，也不是第六感之下的预想，而是学理基础上的分析推理。"疑"的对象，可以是各类报刊、图书、资料上的信息，可以是"专家""权威"的言论，甚至可以是教科书上已经形成共识的理论或主张。至于道听途说的八卦消息，则不值得为之浪费时间。

生活中有一种人，总以为自己的想法与做法代表着绝对真理。遇到与自身观点不同的其他主张时，便奋起而攻之。这不是学习上的主动质疑。学习上的质疑，前提是尊重与敬畏。质疑的目的在于廓清迷雾，抵达真相，绝非一较短长，决出胜负。

学习型教师在备课、观课、议课时，离不开质疑精神。

从备课而言，学习型教师的质疑应指向课程目标、学习任务、学习活动的合理性。精彩的设计一定合理吗？独特的设计一定值得追捧吗？从课程目标的落实而言，我的学生最需要什么样的教学设计？我的设计一定能激活学生的主动性吗？这样的质疑，是提升教学质量的思维之梯。

从观课、议课而言，学习型教师的质疑应指向学生的思维状态。一节课无论多好看，如果学生的脸上没有一种深思的表情，没有妙悟的愉悦，行为上没有主动的投入，没有跃跃欲试的姿态，那么，这节课就算不得好课。有了这样的质疑之后，学习型教师就要更深一层去思考并探索一节好课的真正构成要素，再将其应用到自己的教学中。

学习型教师在专业阅读、专业交往中也需要长期秉持质疑精神。

有一些常识必须明白：所有的文章、著作，都是特定语境下形成的认知结晶。随着时代的发展、科技的进步，这些文章或著作中一定有部分内容不再适宜，需要修正或补充完善。所有的专家、学者也都是存在认知偏差的寻常人，即使在他最擅长的领域，也未必对每一个问题都经过了深思熟虑和实践验证，故而其表达出的见解绝不是放之四海而皆准的真理，仅是他的研究成果或推想的结论。

如此，在阅读中遇到了想不明白的问题，就未必属于自身的学养不足以和作者进行对话，也有可能是作者表达得不准确甚至不正确。专业交往中的对话也是如此。

形成了质疑，标志着学习的开始。真正的学习过程，则属于求证。现实生活中，绝大多数人之所以未能像专家那样思考，病根就在于他们往往只形成了怀疑，却不去分析论证。

求证的过程，从来不会一蹴而就，注定要经历"山重水复"的"无路"之惑。这中间如果有一百条路可以通行，或许前九十九次走的都是错路。当然也许你运气足够好，第一次就走对了路。不过就算你第一次就走对了，为了寻找最优的路径，你依旧还是要将另外的九十九条错路走一遍，才能在比较中发现这第一次的路最合理。

求证必然需要经历这样几个过程：

首先，依照认知经验和客观规律，预测各种可能性的存在方式。然后选定最具可能性的那一种存在方式，开始检索相关资料，阅读相关著作，提炼相关主张或原理。接着将来自外部的各种认知和待求证的本体进行整合，验证二者间的匹配度，形成必要的验证数据或资料。再回到另一种存在方式上，重复开展这样的验证。最后比较各种存在方式验证中获取的数据或资料，归纳提炼出最佳结论。

这样的过程，属于寻找学理的基本程序，是认知事物的常识。学习型教师的学习力修炼与超越，离不开这样的路径与过程，专家学者的科研探索同样也离不开它。

3. 由此及彼，思维跳转

"专家思维"的第三种品质，是用联系的、发展的、跳跃的思维方式探究事物间的逻辑关系，进而形成独特的认知结论。

表面上看，第三种思维方式似乎和中小学教学无关。中小学教学面对的不过是一些公认的知识信息，对其进行教学设计或教育研究，似乎用不到跳跃性思维。

实际上，即便是具体教学内容的认知、应用与理解上不需要跳跃性思维的介入，教师的专业发展却注定离不开跳跃性思维。

比如，你正在阅读某一部教育理论著作，却由作品中的某一段文字甚至某一句话，突然联想到了你正在做的一个课题，或者联想到了你曾经经历的一件事，再或者联想到了你班级内的一个学生，这便是思维的跳跃。你之所以会产生这样的联想，是因为书本中的理论与你生活中的实践建立了逻辑关联。此种跳转有时犹如一道闪电，突然间便照亮了你眼前的昏暗混沌，让你一下子发现了真相。更多的时候，则如一张网，将你碎片化的记忆网罗起来，汇聚成一群相关却又杂乱的信息，等候着你慢慢梳理归纳。

当然，这仅是一种被动性的思维跳跃。更多的时候，学习型教师在提升学习力的过程中，需要建立起主动性的思维跳转，在视角、层级的自由切换中寻觅不一样的景致。

学习型教师的主动思维跳转，可体现为四种不同状态：

其一，认知视角的主动转换。教育教学研究中的认知视角，至少包括教师视角、学生视角、社会视角、未来视角四大类型。一件事，从教师视角审视时，获取的可能是甲主张，而从学生视角评价时，获得的可能是乙主张。哪一种主张更为合理呢？这就需要剥离与事件相关的各种利益关联，以局外人的身份进行观察分析。

教育写作中，很多教师喜好写作教育叙事，但又总是站在自身的教师视角评判是非得失，如此形成的文字便缺乏说服力。如果采用局外人的视角叙事，那么写出来的故事便相对公允。这就是思维跳转在教育写作中的应用价值。

其二，理解层级的自主切换。学理分析时，需要透过现象看本质。这现象与本质，就属于两个不同的认知层级。至于现象与本质之间，还隐藏着多少层级的认知思维，则永远是个未知数。

学习型教师在探究相关学理时，通常需要先立足于表象展开分析，归纳提炼形成问题的直接原因。随后可依照先次后主的认知顺序，依次将探讨引向最核心的问题。正常情况下，来自教育教学或者教师专业发展上的各具体问题，经过四个层级的探索，大体可以抵达内核。

其三，行为主体的自主替换。教育教学中的很多问题，表面上看，来自学生或者教师。深追下去就会发现，症结在于家庭、学校或社会。学习型教师在研究具体的教育问题时就需要换一种思维，从根源处发现病症，寻找疗救之法，切勿抡起大棒子，只砸向本身也是受害者的学生和教师。

其四，评价要素的时序更换。此种思维状态主要指向当下视角和未来视角的跳转。以单纯应试思维为例，如果仅从当下视角而言，用高压手段推动学生进入高一级学校，似乎并无太大的错。但若从未来视角看，则会发现这样的推动并未增加高校的学生数，更未能提升高校的学习品质，反而是损伤了学生的学习力，降低了高等教育的质量。这样思考时，高中学段的学习型教师便应该意识到题海战术的危害性，而应该改革教学行为，用新课程理念修正既往教学中的偏差。

4. 永不满足，精益求精

"专家思维"的第四种品质，在于认定了目标便全身心投入其中，不断探索，不断进取，直到达成目标，功成身退。

学习型教师修炼自身的学习力时，也应该滋养这样的品质，虽未必能够破解什么样的重大教育教学课题，但至少可以不断提升教科研能力，不断丰富自身的学养。

古往今来，有一个共识：真正有大学问的人，总是清楚地知晓自身的认知局限，绝不会在陌生领域中指手画脚。即便是自己的专业领域，也不会刻意卖弄学识，用一大堆寻常人听不明白的话语，说一些云山雾罩的话。

这便告诉我们，在学习力修炼与超越的路径之上，学习型教师需要做的绝不是积累一堆名词概念，亦不是写作一些满是文献资料的拼盘文章，而是要在长久的自主学习中养成良好的思维品质，认准值得探究的问题深入研究下去。

现实的教育教学生活中，能够终身钻研教育教学理论的一线教师少而又少。绝大多数教师仅仅是在需要评职称的特定时间段才努力撰写教学论文，积极申报相关课题。这样的教科研虽然也能在特定时间段内促进教师的专业发展，但它过于短暂，无法形成恒常的动力。学习型教师需要的是终身学习的意识与行为，这便需要向真正的专家学者学习，一辈子做好一件事，永不满足，精益求精。

第四节

建构课题意识

《现代汉语词典（第7版）》中,"课题"被释义为"研究或讨论的主要问题或亟待解决的重大事项"。以此释义为参照，可发现基础教育阶段的课题研究，其本质不过是针对现实教育教学生活中迫切需要解决的重点问题或疑难问题展开"研究或讨论"。比如，困惑于大单元整体化教学中的大概念提炼与运用，便围绕这个难点，阅读一定量的理论著作或学术论文，然后在自己的课堂中逐步践行这些理论成果，同时撰写一定量的研究论文，就是在开展富有成效的课题研究。毕竟，对该问题的研究是基于研究者的教学实际需要，不但有利于强化研究者对本轮课程改革的思考与理解，而且有利于更好地服务教学、服务学生的成长。

吊诡的是，现实教育语境中的"课题"却并非如此。现实中的"课题"必须经历申报、立项、开题、中期验收、结题论证、批准结题、发放结题证书等一整套的行政流程。其研究内容必须以书面申报表的方式逐层上报，并通过有关管理机构的批准，盖上该机构的印章并在一定范围内公示，赐予一个课题编号，才有资格称其为"课题"。偏偏这类获得过大红印章的"课题"，又整体性存在着"重立项，轻研究"的病症，只要能想出一个新颖别致的、陌生化的命题并顺利进入评委的法眼，便算是完成了一大半的"课题研究"工作。至于立项之后的研究，则大多"顺乎自然""无为而治"，只要能整理出一些资料，发表一两篇所谓的研究论文，三年之后基本上都能结题。

上述两种"课题"的根本性差异，在于前者主要指向教师自身的专业能力提升，后者大多指向教师的职称晋级或业绩考核。前者修于内，后者形于外。本文所说的课题研究，指向的是前者，即教师为了破解现实中的教育教学疑难病症而自觉开展的专题性探究。

1. 贴近教学实际，锁定真问题

下面两个课题，如果只允许你选择其中的一个开展自主性研究，且不涉及课题申报，只关注在现实教学中的应用价值，你会选择哪一个？

课题1：课程思政视域下融合中国元素的高中英语教学实践研究。

课题2：高中英语常见课型与教学实践研究。

如果这两个课题你都没有展开过系统性研究，那么，正常情况下你理当选择课题2。因为课题1的研究内容较为花哨，在现实的高中英语教学中极少被关注，课题2的内容才是日常教学中应该关注的常态性问题。

但以这两个课题参加省市课题申报时，课题1被确立为省级规划课题，课题2市内都未能出线。理由其实很简单，从评委角度而言，课题2已经有无数的人研究过，没有了新意。这和省级优质课竞赛一样，评委要看新奇巧的东西，并不在意这新奇巧是否属于日常教学的必需品。

但这不是真正的常态性教研，日常的教研恰恰应该研究司空见惯的问题，应该关注家常课，关注寻常人。

对于绝大多数一线教师而言，需要"研究或讨论的主要问题或亟待解决的重大事项"，大多数属于教育教学中的各项常态化内容，极少有人超越自身的实际教学需要而钻研那些看起来很高大上、实际上却不接地气的理论建构或策略设定的问题。真正的教科研必须融入日常教育教学行为的全过程，如此才能相辅相成，以实践推动研究，用研究提升实践能力。

2004年，有感于当时课程改革倡导的"自主，合作，探究"学习模式，我开始在课堂上推进"主体实践性阅读"的课改实验，分别围绕文本资源开发、教师功能定位、教学流程设计等内容，分项目、分时段进行探索。经过十五年（2004—2019年）的实践与归纳提炼，逐步形成了以"丈量文本宽度，营造课堂温度，拓展思维深度"为基本教学理念，以"知识在场，技能在场，生命在场"为目标诉求，以"走进文本，走进作者，走进生活，走进文化，走进心灵"为基本教学流程的"三度语文"教学主张。在这十五年的研究过程中，我三次申报省级课题，只有一次通过立项，而且是在自主研究的后期（2013—2017年）。因为内心深处有一种强烈的探究欲望，所以我并不在意我的研究是否被行政机关认可，而是根据认知发展和能力提升不断深化自主研究的内容。其中，2005—2007年，侧重于课堂教学流程的建构和学习思维的深度拓展，开发出多个课例，陆续发表在《人民教育》《中学语文教学》《好课是这样练成的》等期刊或著作中；2008—2012年，侧重于研究文本深度解读和语文教学的课程定位，发表了数十篇论文，出版了《语文教师的八节必修课》《追寻语文的"三度"》《中学语文经典文本解读——第三只眼看课文》；2012—2019年，侧重于研究教学内容的知识体系建构，分别围绕叙事类文本教学、古典诗歌教学、文言文教学、选修性文本教学进行多角度探究，撰写了系列论文二十篇，出版了《有滋有味教语文》。

2. 注重田野实践，开展真研究

2019年之后，新一轮课程改革蓬勃兴起，我清醒地认识到此前的诸多探究都面临着清零与重建，开始致力于大单元整体化教学、任务群学习、真实性问题情境的研究。当我以这些研究项目为主题申报省级课题时，依旧未能通过设区市教科所的选拔，理由是这些内容大家都在研究，缺乏新意。

从评审者的视角看，这些内容确实没有新意，绝大多数的一线教师都在研究。但我以为，恰恰是因为绝大多数教师都在研究，才说明这正是当下教学中迫切需要解决的"主要问题或亟待解决的重大事项"。倘若舍弃了对这些"亟待解决的重大事项"的田野实践，却去追求极为小众化的"新意"，便属于舍本逐末。基于这样的想法，我便依照自己的构想规划各阶段的研究内容，开始新一轮的自主课题实践。我以整本书阅读教学为研究的起点，先探究"整本书阅读"与"教学"间的学理关联，再探讨并开发整本书阅读的分课时学习任务和教学案例，发表了数篇论文，出版了《中学整本书阅读教学设计》。随后，我针对新课标、新教材的特点，对教材中的新课文进行教学解读和设计，出版了《高中语文新课创意解读和教学设计》。我还利用国培项目讲师的身份在多地的国培项目中宣讲我的研究成果，在展示课上践行我的理解与主张。

由我的课题研究经历可以发现，一线教师的课题研究要想真正助推自身的专业发展，绝非依靠行政力量的推动，而是离不开自身的主动钻研和长期探究。所有的教师都应该建立这样一种意识：课题研究是自己的成长需要，唯有始终贴近自身的教育教学实践，有目标、有层级地持久钻研，才能一步步抵达教育教学的清明之境。至于是否得到外界的认可，反而并不重要。能够得到认可，收获一张省市级课题主持人的结题证书，固然会对职称晋级、特级教师评选构成加分项；万一未能立项，也并不代表预设的研究内容缺乏价值，更不代表可以舍弃对该研究内容的持久性探究热情。只要认准了目标和方向，就应该坚持做下去。以课题研究带动专业阅读，用专业阅读拓宽认知思维、拓展研究内容，再辅之以专业反思和专业写作。如此，集数年之功，必将有所成就。

3. 拓展认知思维，收获真成果

一线教师应该确立这样的课题研究意识：

从价值取向而言，课题研究应侧重于解决教育教学中的"真问题"。当然，此处所说的"真问题"，必须符合教育教学的发展规律，跟得上教育教学改革的步伐，一定程度上具有超前性。比如最近几年的课题研究，就应该围绕大单元整体化教学、真实性问题情境、任务群学习、学科大概念、项目化学习、跨学科学习等研究项目展开系统性探究，只有将这些问题梳理清楚，课堂教学才不会"穿新鞋，走老路"，"让学习真正发生"才能变为现实。

从研究内容而言，课题研究应追求"小切口"和"深探究"。"小切口"说的是确立的研究内容不要过于宏大，应将宏大主题分解为若干个小的项目，一个阶段攻克一个小项目。这样的课题研究针对性强，从实践操作到理论建构都有具体抓手。"深探究"说的是研究过程中要坚持深度思考与深度实践，真正进入事理的内核品鉴与应用之中。"深"既需要学理的支撑，又需要时间的投入。

从研究方法而言，课题研究应以"田野实践"为根本。一线教师固然需要研讨一定量的教育教学理论，但比理论更重要的则是将理论转换为具体的教育教学行动。从这一点出发，一线教师的课题研究应始终围绕教育教学的实践性活动展开，具体探究教与学双方的各类问题。这样的探究不能纸上谈兵，必须建立在真实的课堂实践的基础之上。也就是说，在研究中提出了一种构想，就需要在实践中验证其可行性，然后形成一定的研究成果，切不可"思而不行"或"行而不思"。

从研究成果而言，课题研究应更多关注教育教学的实效性。既然课题研究的目的在于解决教育教学中的"真问题"，其成果检验当然就在于这些"真问题"是否得到了有效探究和解决。如何明确课题研究的实效性呢？其标准不是考试成绩，不是相关课题评审机构设定的那一套规则与标准，而是国家课程方案，是学生综合素养的全面落实，是教师自身专业技能的全面提升。最直观的呈现，就是通过长时间的课题研究，让学生爱上研究者所教的这门学科，让研究者在研究中不断拓展思维的宽度和深度，不断提升教育教学水平。

将此四方面的意识落实到日常教育教学的研究过程中，便是开启了属于自己的课题研究。这样的课题研究，随时随地均可进行，也没有人会催促着必须在三四年内结题，因而也就具备了灵活性和长期性，可以随着研究的深入不断修正、不断完善。

第五章　课改正当时

于学习型教师而言,每一次课改,都是一个难得的发展机缘。因为,当所有人都被放在同一个起跑线上时,乐意于快乐前行的人终属少数,更多的人习惯于坐在起跑线上东张西望,等待着先行者逢山开路、遇水搭桥,直到所有荆棘均已割除,所有坎坷均已平整,才呼朋引伴地站起来,一边说笑着一边悠闲而行。

现在,又一次机遇摆在了面前,还等候什么呢?拿起你的砍刀和铁锹,开启你的学习之旅吧!

第一节

大单元：一种全新的课程结构

有关大单元的定义，学界或许并无确论。被广泛引用的，是崔允漷先生主张的"单元是一种学习单位，一个单元就是一个学习事件、一个完整的学习故事。因此，一个单元就是一个微课程"。

大单元整体化学习绝非语文学科的专属产品，而是覆盖全学段、全学科的共有资源。思政学科的"议题"、数学学科的"模块"，都属于大单元在特定学科中的特定名称，就像很多学生，在语文课堂上有中文名字，在英语课堂上有英文名字。

关于语文学科的大单元整体化学习，崔允漷先生强调："如果一个单元中的几篇课文没有一个完整的'大任务'驱动，没能组织成一个围绕目标、内容、实施与评价的完整的学习事件，那它就不是我们所讲的单元概念。"由崔先生的释义可知，大单元之"大"，并非选文多、信息量大、知识点庞杂，而是学习任务的聚焦，是一个学习单元紧扣一个大概念展开教学。

将此种认知推及所有学科，便是强调任意一个议题、一个模块的学习都应该有一个完整的大任务驱动，都应该围绕特定目标、特定学习内容、特定实施与评价标准开展完整性的学习活动。

1. 为什么必须推进大单元整体化学习

当下基础教育阶段的全学段、全学科为什么都在倡行大单元整体化学习呢？最宏观的答案是国家课程改革的客观需要，是核心素养全面落地的客观需要。中观层面的答案指向学习方式的变革，具体而言就是必须彻底扭转以知识"学得"为中心的"学教材"，代之以核心素养"习得"为中心的"用教材学"。微观层面的答案，指向中小学生学习质态的改变，主要体现为由被动接纳"专家结论"，转向积极建构"专家思维"。

以语文学科的学习为例：当教材编写者将五至七篇作品汇集成一个单元、将三十至四十篇作品汇编为一册教材时，缺乏课程意识的语文教师往往极少关注这数十篇作品间的学理关联，而是依照自身对各具体作品的理解，引导学生详细赏读这些具体作品。如此，一个单元学习结束后，学生收获的是五至七个微主题下的众多碎片化信息；一册教材学习结束后，学生收获的是三十至四十个微主题下的众多碎片化信息。对于学生的健康成长而言，这些碎片化信息固然能够在一定程度上拓展文化视野，却未必能够转化为解决日常生活难题的工具。

但是，教材编写者之所以要将这些作品汇编成一册教材、一个学习单元，绝非因为这些作品不可或缺，只不过因为它们恰好适宜充当某个知识点、某种技能的载体。用一个不太准确的比喻来表达，就是任何一门课程，都如同一个事先完成的电影脚本，其主题、人物形象以及起承转合间的意义关联均已预设到位，剩下的不过是挑选一个适宜的演员来扮演特定的角色。语文教材中的课文，就是这个演员。适宜的演员未必只有一个，选定了某人来扮演，或许只是机缘。观众可以因为喜欢某个演员而关注某部作品，但赏析某部作品只能是赏析该演员扮演的这个角色，而非赏析演员本身。

明白了这个事理之后，才会明白大单元整体化学习的真实价值。大单元整体化学习就是要将学生对学习内容的认知，由对具体演员——学习内容——的分析与鉴赏，转移到对演员扮演的角色——能力与素养——的理解与应用之上。也就是说，大单元整体化学习，是指向课程目标与学习任务的综合性理解与实践的学习，绝非对具体知识信息的识记和机械应用。

带着上述理解，再思考下面几个问题，便容易形成理性的答案：为什么要学习一元二次方程？为什么要学习牛顿第二定律？为什么要学习《中国石拱桥》？为什么要学习《唐代的思想文化繁荣》？……所有的学习，都不是为了知道人类文化史上存在着这样一种知识，这样的知晓除了作为谈资，别无他用。真正的学习，是为了运用这些知识中隐藏着的认知原理，去探究现实生活中的具体问题。比如运用《中国石拱桥》的言说方式，学会有条理地解说相关的建筑物。

大单元的价值，正在于由具体个案中提炼出抽象原理，再用抽象出的理解，反作用于现实生活。

2. 怎样践行大单元整体化学习

近两年，语文学科有相当数量的教师公开反对大单元，认为大单元整体化学习"淡化了文本的解读，使课堂上的阅读流于肤浅"。其他学科的反对声音却很微弱。究其原因，在于语文学科的文选式教材信息过于庞杂，相当数量的语文教师把握不住贯穿整个学习单元的那根主线。其他学科的教学目标和教学任务则相对清晰、相对聚焦。

我在《为什么有那么多的人不喜欢大单元》（《师道》2023年第19期）一文中对来自语文教师的各种批评做过详细解析。我以为，病根不在"大单元"，只在反对者。反对者自己为"大单元"设定了一个错误义项，再集中火力批判此义项的错误，这哪里是反对"大单元"？实在是"左右手互搏"。

不同学科在组织大单元整体化学习活动时或许存在一定的方式差异，但总体上的结构形式不应该迥然不同。从本轮课程改革而言，各学段各学科的学习，都应该注重大概念的提炼与应用，注重驱动性任务的设定，注意真实性问题情境的创设。此三方面的细节性探究，后面三节将分别展开，此处不赘述。

我和我的工作室教师们自2019年开始探究大单元整体化学习，据此开发出一定量的教学课例。我们认为，既有教材中的任意一个素养单元，都可以依照其预设的主题和语文要素筛选出特定的单元大概念，然后依照该大概念设定各具体文本的学习任务。我们依照单元大概念分析单元内各文本的教学价值，形成了"经典文本注重单篇赏读、发现个性差异，实用类文本注重归纳提炼、凸显共性特征，互补性文本各取所长、在互补中完善知识结构"

的教学主张。

下面这个例子，是我们围绕部编版高中语文必修上册第一单元开展的大单元整体化学习设计：

单元大概念	文本类型	课文	学习任务	文本运用策略
青春生命的使命担当在不同时代、不同文体中的独特意义呈现。	古体诗歌	《沁园春·长沙》	如何用古典诗词的方式，抒写20世纪20年代革命青年的使命担当？	精读。
	现代诗歌	《立在地球边上放号》《红烛》《峨日朵雪峰之侧》	如何用新诗的方式，表达不同时代青年的不同使命担当？	整合阅读，在对比中发现、感知。
	外国诗歌	《致云雀》	与国内新诗做对比，寻找共同点，发现差异处。	略读，印证相关技法。
	短篇小说	《百合花》《哦，香雪》	如何用短篇小说这一载体表现富有时代特征的人情人性？	精读《百合花》，传授小说阅读相关技法，再以《哦，香雪》自主学习作为印证。

该设计首先立足既有的单元学习任务提炼出统辖所有文本的单元大概念，再依照这个大概念分解学习任务，赋予不同文本以不同的子任务。然后依照任务设定文本的阅读方式，最后设计特定的驱动性任务。当然，真正教学时，还需要考虑真实性问题情境的创设与应用。

也许有人会认为，进入教材中的每一篇课文都是优中选优的精品，都应该精讲细读。这样的认知属于缺乏课程意识。世间的好文章何止千万，有什么必要每一篇都反复咀嚼？何况很多人所说的无比重要的那些知识，通常也仅仅是自认为很重要，换了另一个人，或许觉得一点也不重要。

3. 大单元整体化学习中的教师功能定位

如果只从最外显的教材编排体例看，四十年前的教材结构形式与当今教材的结构形式并无太大差异，为什么只有当下的学习单元被定义为"一个完整的学习故事""一个微课程"？四十年前的教材是否也可以同样视作"一个完整的学习故事""一个微课程"？

从我的主观感受而言，我以为任何时代的教材，都可以依照特定的结构形态，将类似于单元的学习模块视为一个相对完整的微型课程，哪怕是古老的《诗经》《楚辞》，或者是蒙学读物《三字经》《百家姓》《千字文》。

这便带来了一个不得不思考的问题：为什么以前从未出现大单元整体化学习的主张？大单元整体化学习取决于教材，还是取决于课程方案，抑或是取决于教师的教学理念？

未曾出现大单元整体化学习这一概念，其实并不代表一定未曾出现大单元整体化学习。且不说古代学宫中围绕一个又一个主题开展的研读实践，单是本轮课程改革之前的基础教育学段，也有一定量的拥有较强的课程意识的教师开始自发进行此类型教学方式的探究。

真正的差异，建立在宏观的课程方案的变革之上。具体而言，就是既往的学习均以"教"为中心，立足于"传道受业解惑"组织教学活动。本轮课程改革强调"学为中心"，注重在真实性问题情境中运用教材提供的知识信息，探究现实生活中的各种问题。新的课程语境下，教师不是课堂学习的主体，也不是学习的主导，而是促成学习"真正发生"的桥梁与纽带。教师在学习中的功用，主要体现为课前的目标定位、任务分解、情境创设、活动设计，课后的巩固、拓展、检测、评价。一旦进入课堂学习环节，学生便成为真正的主角。

当下，最难改变的认知错误，就是教师的功能定位。太多的教师总是对自主化学习和合作探究持有怀疑态度，总想着在课堂上尽可能多地传授"重难点知识"。如此便会发现，相当数量贴着大单元整体化学习标签的课堂，教师依旧处于绝对的主导地位。所有的学习任务均来自教师的预设，所有的活动均由教师掌控，所有问题的答案均以教师的告知为标准。这样的课堂，学生看似不断投入活动之中，却依旧只是被动接受来自教师的各项任务指令，全无自主发现、独立思考的愉悦。

4. 如何将"用教材学"落到实处

当下，所有学科的教学都必须变"教教材"为"用教材学"。

"教教材"与"用教材学"有何差异呢？以语文学科为例，"教教材"的关注点在于识记文本的相关信息，理解文本的相关意义，归结文本的创作技法，全方位认知此文本。"用教材学"的关注点在于依照结构化的课程内容，设定适宜的学段课程任务、单元学习任务和课时学习任务，在真实性学习情境中，借助特定文本这一例子，探究某些类型的学习问题，培养学习者的"专家思维"。"教教材"侧重于全方位了解"它是谁"，"用教材学"侧重于借助"它"这一个例，获得理性认知"它"以及"它们"的共性化经验。"教教材"指向具体的"这一个"，"用教材学"指向抽象的"这一类"。

在语文学科中，传统型的语篇教学多属于"教教材"。语文教师竭尽全力想要完成的任务，是引导学生彻底"读懂"这篇课文，进而收获相应的知识。只是，此种"读懂"往往只建立在教师简单告知或者通过启发和对话间接告知的前提之下，其知识的获取以"学得"为主，学习者自身并未形成真正的理解，更谈不上养成举一反三的能力。满足于"教教材"的语文教师通常忽略了两个基本问题：学习者为什么要"读懂"这篇课文？通过"读懂"这篇课文，能够提升哪些能力？

"用教材学"则并不追求特定文本的全盘理解，而是依照课程任务有选择地探究相应问题。"用教材学"时，半数以上的文本仅作为例子、样本、用件、引子，用以验证或解析某些语文知识。学习者学习这类型文本时，其认知经验的获得主要来自"习得"。

语文学科如此，其他学科又何尝不是这样？数理化等学科的"用教材学"，同样需要立足于学习者的认知经验和教材的知识网络，引导学习者建立特定的认知框架和知识谱系，帮助学习者建构适宜的认知高通路迁移路径，实现课程内容的结构化。举例而言，便是教材中的所有例题并非都得一一讲析，而是根据例题的特点，侧重解析最具代表性的一道题目，将其他例题交给学生自主研讨、合作探究，然后由这一组例题归纳提炼出共性化的认知，形成基于特定学科原理的概括性理解。

　　承认并践行学科教学中的"用教材学"，是走向教学理性的起点。大单元整体化学习的出现，正是要为学科教学中的"用教材学"设定规范。此种规范的学理基础是"课程内容结构化"，体现在语文学科，便是依照预设的课程内容挑选文本，而非依照文本确立教学内容；体现在数理化等学科，便是依照认知规律对特定的学习内容（如原理、定理）进行模块化整合，借助于特定例题归纳提炼相应的概括性理解，用以解决实际生活中的具体问题。

第二节

大概念：纸上得来终觉浅

《普通高中课程方案（2017年版）》"关于学科课程标准"的相关说明中，针对"学科教学内容"的更新做了如下阐释："进一步精选了学科内容，重视以学科大概念为核心，使课程内容结构化，以主题为引领，使课程内容情境化，促进学科核心素养的落实。"以此为起点，学科大概念正式步入基础教育阶段的课改实践行列。然而，该方案并未针对学科大概念形成一个明晰的定义或阐释，亦未为一线教师提供一个可资模仿和借鉴的经典性表述格式，更未提供一个提炼学科大概念的基本路径，这便让学科大概念成了人人口中有，却又极难落地生根的一个恼人的名词短语。

在网络上检索学科大概念，形成的定义五花八门。有人将其解释为"一种可聚焦的概念透镜，作为理解的关键，能够组织和关联多个事实、经验和技能，指向学科的核心概念和探究，需要学生的深度理解，具有极大的迁移价值"，有人将其释义为"指向学科核心内容和教学核心任务、反映学科本质、能将学科关键思想和相关内容联系起来的关键的、特殊的概念"，还有人将其标注为"指向具体学科知识背后的更为本质、更为核心的概念或思想，它建立了不同的学科知识间的纵横联系"，亦有人将其阐释为"一个学科的总体建构和体系框架，是该学科的核心和基础，包括该学科的研究对象、研究内容、研究方法、理论基础等方面"……

内涵的不确定，必然带来外延的不确定，进而招致其提炼、描述和应用的不确定。三方面的不确定，不但无法建构学科教学中学科大概念这一核心，而且让大单元整体化学习丧失了统整的依据。

有难题便需要破解。破解难题的关键，在于学科大概念的提炼与运用。如何才能在面对任意一个教学单元时准确提炼出该单元的学科大概念，又如何运用提炼出的大概念统辖整个单元的教学，构建起单元内"结构化"的课程内容，这是当下课程改革的一项重要任务，也是学习型教师必须面对的一个挑战。

1. 学科大概念的表述结构

查阅中国知网中有关语文学科大概念的相关论文，发现其表述结构至少有四种：

一是"核心素养"+"主干知识"。认为"语文核心素养的大概念就是'语言''思维''审美''文化'以及与它们密切相关的行为动词"。

二是"关键能力"。认为"大概念就是基于现实或事实抽象出来的概念，能够将多种知识技能有意义地关联起来，一旦掌握，即可迁移地运用于不同情境，表现形式多为能够'跨越时间、地点和情境的概念性句子'"。比如八年级上册第五单元的大概念可以表述为"说明文言语思维的准确性和严密性"，而其人文主题"文明的印记"只用以充当该单元大概念的具体学习情境。

三是"学科核心素养"+"学科学习过程中收获的能力、品格和修养"。比如由部编版高中语文必修上册第七单元"自然情怀"的主题以及相关具体文本而提炼出"写景抒情类散文中物我关系的呈现方式"的大概念。

四是"概括"与"原理"。认为大概念是"对关系和意义的表达"，"是关于学科核心问题的论断，是可迁移到各种情境的概念性理解，必须用完整的语句来表述"。比如五年级上册第三单元的大概念即可表述为"运用角色代入、增添细节、变换顺序的方法讲故事，再配上相应的动作和表情，可以让故事更有新鲜感，更能吸引听众"。

四种表述当然不会全部正确，也未必至少有一种正确。从语文学科素养单元的任务设定而言，既然每一个学习单元的任务重心都落在主题和语文要素两方面，那么，围绕这些学习单元而提炼出的学科大概念必然也要体现出主题和语文要素间的学理关系。上述四种表述结构中，都缺乏了必要的"主题"。

其他学科的大概念表述结构又会如何呢？依旧以中国知网上的相关论文为例：发表于2024年第9期《中学历史教学参考》上的论文《基于学科大概念的初中历史单元教学设计实践研究》，针对统编版八年级上册第七单元"人民解放战争"提炼出的大概念是"人民选择了中国共产党"；发表于2024年第9期《上海课程教学研究》上的论文《大概念统摄下的艺术学科问题引领式教学》，针对艺术与生活的关系，提炼出的大概念是"艺术是生活的反映和提炼，是对生活的再创造"，针对艺术与文化的关系，提炼出的大概念是"艺术作品是文化的载体和传播者"；发表于2024年第8期《中学生物学》的论文《学科大概念统摄下跨单元关联概念的整体性辨析》，针对人教版生物学教材必修1"细胞中的糖类和脂质"提炼出的大概念是"细胞是生物体结构与生命活动的基本单位"，针对人教版生物学教材选择性必修1"激素与内分泌系统"教学内容中的固醇与类固醇，提炼出的大概念是"生命个体的结构与功能相适应，各结构协调统一共同完成复杂的生命活动，并通过一定的调节机制保持稳态"……

比较语文学科和其他学科的大概念表述结构，可以发现其他学科的大概念均以句子的方式出现，且均能够表达一个明晰的价值判定，而语文学科的大概念表述却较为混乱，如"说明文言语思维的准确性和严密性"和"写景抒情类散文中物我关系的呈现方式"均只是偏正式名词短语，并未形成清晰的价值判定，更未呈现出对诸多课文共有价值信息的凝练与理解。

本书第三章第四节结尾处，介绍了美国学者林恩·埃里克森的"知识结构图"，居于第四层级的"概括"，向下依次统辖"概念""主题"和"事实"，向上服务于"原理"和"理论"。林恩·埃里克森的"概括"，就是大概念，这样的"概括"超越了"知道"和"能做"，以"理解"为根本。林恩·埃里克森还进一步指出，基于理解的"概括"具有跨时间、跨文化、跨情境、可迁移的特征。

以林恩·埃里克森的大概念四大特征衡量上述各例，可发现"生命个体的结构与功能相适应，各结构协调统一共同完成复杂的生命活动，并通过一定的调节机制保持稳态"这一"概括"放在任何时间、任何文化背景、任何言说情境中都依旧成立，甚至还可以将这一"概括"迁移至其他的高等生命体。基础教育阶段的大概念提炼，不妨学习此种结构模式。

2. 学科大概念的运用

由特定教学内容中正确提炼适宜的大概念，再运用此大概念引导具体的学习行为，构成了"具体—抽象—具体"的高通路迁移思维模式。此思维模式中，由"具体"形成"抽象"的工作，主体部分已经由教材编写者以编制学习任务的方式完成。教师需要做的，是带领学生将来自教材的学习任务进一步概括，形成完善的大概念。缺乏课程意识的教师，往往无视了这一工作，只见任务，不见大概念。

由"抽象"回归"具体"的任务，只能由学生完成。体现在具体的课堂学习活动中，就是教师先利用教材中的例题、例文或例证，带领学生一起寻找规律，形成概念性理解，生成大概念，然后运用提炼出的规律、大概念或者原理，解答与例题、例文或例证存在相似性的若干现实问题。

现实生活中，一切技能的获得都离不开这样的思维模式。医生的成长，必然是先接触一个个具体的病人，从其病症中概括出一种共性化症候，掌握一种基本的治疗方案，然后用此方案治疗其他的同类型病人。雕刻师的成长，必然是先跟在师父后面一天天地看，由师父每一天的用刀中寻找规律，然后依照自己的理解进行实践。教师带领学生学习了多个一元二次方程的例题，当然不是为了知道这些例题的答案，而是为了由这些例题的解答中概括出抽象的理解，再用形成的理解去解答其他需要运用一元二次方程的各类题目。

遗憾的是，总有一些教师在引导学生学习相关的课程内容时缺乏抽象概括的能力，其教学便只停留在碎片化信息的直接告知层面。比如教学一篇文言文，便一个字一个字地告知其释义与用法，然后要求学生死记硬背这些释义与用法，结果是背了数十个名词活用为动词的例子，却区分不了名词和动词，学了数十个"之"，背了这数十个"之"的用法，遇到了一个新的"之"却依旧不知道它是何方神圣。这样的学习如何不低效？

如果从抽象概括的视角展开教学，还会如此低效吗？教师引导学生由数十个"之"中概括出了"之"的所有类型的用法，并督促学生熟记了这些用法和典型例句，然后用这样的概括去任意一个陌生的文言文本中进行验证，学生便再也不用背诵各具体文句中的"之"的释义与用法。

语文学科如此，数理化等学科又何尝不存在类似问题？为什么学生在高中三年间解答了两三万道数学题，却依旧在高考中考不出三位数的分数呢？当然不是因为高考卷超出了学生的学习内容，而是因为学生未能从做过的题目中抽象出应有的大概念，未能形成真正的概括和理解。

由上面这些例子可知，学习的本质就在于从教材这个"具体"中形成"抽象"化的理解，再运用这概括性理解应对生活中的具体问题。此学习本质即西方学者强调的"生活价值"。"生活价值"与大概念一样，都具有跨时间、跨文化、跨情境、可迁移的特性。

3. 学科大概念的价值

如果将一个文本比作一座大山，当我们不携带明晰的工作任务而进入这座大山时，则所见的一切都可以充当我们的研究对象。当我们拥有了明确的工作任务而进入这座大山时，则任务之外的那些内容便都不属于我们的研究目标。学科大概念在教学中的价值，正在于规范每一单元、每一课时的学习任务，使其避免学习中的平均着力，避免在非教学任务的相关内容上耗费时间和精力。

从课程价值的视角看，学科大概念首先是将各学科设定为一门具体的课程。这样的设定，对于语文、英语这样的学科至关重要。毫不夸张地说，半数以上的语文、英语教师并不拥有明晰的课程认知，其教学大多只跟着文本走，文本谈的是亲情，就组织学生探究亲情，文本谈的是文化，就带着学生谈论文化。如此便忽视了课程目标、素养要求、学习任务的应有地位。

有了学科大概念，课堂便有了抓手。当你围绕"只有通过语言、动作、神态、心理和肖像的细致刻画,才能写活人物"这样的大概念引导学生学习一个语文素养单元时,你的教学侧重点就不会跑到对亲情、友情、爱情的探讨之上,而是聚焦于如何抓住人物的特点塑造出独特的形象。

从学习活动的有效组织的视角看,学科大概念的提炼与应用将宏观性质的学习任务群和中观性质的单元(议题或模块)学习任务细化至个体的课文、章节或者课时,为每一个课时的学习提供了明确的任务指令。有了这样的任务指令,教师才能在具体教学活动中创设有效的学习情境,才能依照微观的驱动性任务组织有效的自主学习和合作探究。

依旧以"只有通过语言、动作、神态、心理和肖像的细致刻画,才能写活人物"这一大概念的学习为例:当一个学习单元的若干篇选文中均存在一个鲜活的典型人物时,教师对这些文本的教学就不能依照常态化的记叙要素平均着力,而是要聚焦典型人物塑造这一核心任务,由多个典型形象的塑造引导学生自主性提炼出大概念,形成可迁移的概括性理解。然后,教师在课堂上利用此大概念引导学生描绘生活中的典型人物,比如同学、父母、老师,完成理性指导下的片段化写作训练,再在课后通过随笔写作或大作文训练,完成一篇以写人为主题的综合性训练。这样的学习过程,便是"具体—抽象—具体"的思维"高通路迁移"。

从"让学习真正发生"的视角看,绝大多数的中学生在学习数学、物理、化学、英语等学科时,尚且知晓自己可在课前完成什么样的自主性研修,对语文、思政、历史等学科的自主性学习则往往只停留在通读文本、了解显性信息层面,极少形成真正的思考与探究。教师有意识地引导学生学会提炼大概念,运用大概念深度钻研教材,是全面提升学习品质的重要抓手。如果学习者能够在面对任意一个单元、一个议题、一个模块、一本书、一场电影、一个热点事件时,都致力于透过具体事例的表象,发现并精准提炼应有的大概念,那么,不但达成了"让学习真正发生"的目标,而且全方位提升了综合素养,丰富了精神与情感。

这就是这一轮课程改革中强化的"以大概念为核心,使课程内容结构化"的价值所在。

第三节

任务：核心素养的特定载体

任何一门学科，都拥有明晰且成体系的学习任务。这些学习任务，在本轮课程改革中以任务群的方式呈现。比如初中语文课程共包含了六个学习任务群，高中语文课程共包含了十八个学习任务群。

现有课程体系在任务群的表述上采用的是宏观性概述方式，如初中语文的六个学习任务群，分别表述为"语言文字积累与梳理""实用性阅读与交流""文学阅读与创新表达""思辨性阅读与表达""整本书阅读""跨学科学习"。任意一个任务群下，必然包含了若干项具体的学习任务。这些任务大多数情况下分散出现在不同的素养单元和不同的学习内容之中。进入教材中的任意一篇课文，不过是承载这些任务的信息载体。

大概念、素养单元（或议题、模块）、学习任务，构成了"课程内容结构化"的基本要素。三者间的关系体现为大概念统领素养单元（或议题、模块），素养单元（或议题、模块）统领学习任务。至于选入教材中的具体文本、具体例题，仅仅用作验证特定知识、特定能力的存在方式，具有鲜明的偶然性特征。从课程视角而言，大概念、素养要求和学习任务属于固定量，指向课程内核，课文、例题、史料等内容不过是偶然选用的"他物"，可选择性替换。

1. 学习任务从何处来

千万不要以为学习任务可以由教师自由设定。当教师以为自己有此权利时，便是教学灾难的开始，纵使其打着的旗号是"基于学情"，实际上绝大多数情况依旧属于"率性而为"。一切为了抢夺学生的课外时间而布置的海量作业，均不属于真正的学习任务；一切基于教师自身的喜好而开展的教学活动，也不属于真正的学习任务。

真正的学习任务，存在于既有的国家课程体系之内。课程预设了特定的学习任务群，再将任务群分解为更多的学习任务。任务群与任务群之间、任务与任务之间均依靠课程这个主干而彼此关联，形成一个枝繁叶茂的整体。

不同学科的学习任务，在教材中的呈现方式各不相同。以语文学科为例，中观层面的学习任务，分别以"单元说明"和"单元学习任务"的方式出现在各素养单元的首页和结尾处；微观层面的学习任务，以"学习提示"的方式出现在"课"的最后部分。语文教师只有依据教材编写者预设的这三处学习任务组织学习活动，才算得上有效落实语文学科的课程计划。

比如部编版高中语文必修上册第一单元第一课《沁园春·长沙》，"学习提示"预设的学习任务是"领略毛泽东以天下为己任的胸怀，品味其中意象的活泼灵动、意境的丰盈深邃"，"体会这首词炼字选词的精妙之处"。"单元说明"预设的学习任务是"从'青春的价值'角度思考作品的意蕴"，"理解诗歌运用意象抒发感情的手法"，"学习从语言、形象、情感等不同角度欣赏作品"。"单元学习任务"预设的任务一是"围绕'意象'和'诗歌语言'探讨欣赏诗歌的方法，揣摩作品的意蕴和情感"，感受作品的风格；二是"查找毛泽东《沁园春·长沙》的写作背景资料，建议阅读埃德加·斯诺的《毛泽东自传》，了解毛泽东青年时期的革命经历，加深对这首词主旨的理解。还要注意感受词作的意境，抓住'红遍''尽染''碧透'等富有表现力的词语去欣赏这首词"。

分置于三处的学习任务应该如何取舍呢？最理想的方式，当然是提炼出应有的大概念。既然大概念是建立在事实、主题、概念三个知识层级之上的概括性理解，那么语文教师就需要先从这些分散的学习任务中发现主题和概念，再将其组合成大概念。该单元的主题是"青春的价值"，单元内的选文当然也是这个主题。至于概念，则主要体现为"意象""意境""炼字选词""意蕴""感情"等五个词汇。将这些信息进行概括，能够形成的跨时间、跨文化、跨情境、可迁移的大概念只能是"青春价值的高品质抒写，建立在字词锤炼、意象选择、意境营造、独特情感表达和丰厚意蕴呈现的五级平台之上"。有了这样的大概念，自主研修《沁园春·长沙》时便有了具体的任务指令，合作探究时也有了明确的方向和目标。

其他学科的学习任务，也都明确呈现在教材的相应位置。高中数学每一模块前的"说明"均既有对学习任务中的核心概念的阐释，又有对多个概念间关系的界定和学习价值的解析。模块结尾处的思维导图也是对学习任务和核心概念的系统性整合。高中思政每一课的课题下也都借助一些问题展示该课的中观性学习任务，每一章节的内容更是用"探究与分享"直接标注出学习任务和活动方式。教师在备课以及组织教学活动时只有严格遵循了这些任务、活动与计划，才能有效实现学科教学价值的最大化。

2.学习任务是否可以替换

缺乏自主构建完整课程体系能力的教师，应充分尊重教材的既有结构形式和预设任务，依照课程和教材的内在逻辑组织教学活动。此种主张，并非标明现有课程与教材的完美无缺，而是因为课程建构和教材编写属于"专业的人做专业的事"，其专业视野和知识结构注定胜过绝大多数的中小学教师。当然，对于极少数拥有超强学习力的教师而言，只要能够开发出一套完善的学科课程，则理当依照自己开发的课程设定与之相适应的学习任务，也就必然要替换掉现行教材中的学习任务。遗憾的是，此类教师实属凤毛麟角。

现实的教学生活中，随意替换学习任务的现象并不少见，又以语文学科为最。比如高中语文作文教学，高一上学期教材预设的作文学习任务包括了阅读点评，新诗创作，新闻评选标准拟制，写作推荐书，撰写人物通讯、文学短评、采访提纲、调查报告、建议书、学术小论文，写作简单议论文和写景散文等十二种文体形态的训练，而绝大多数语文教师只在该学期训练复杂记叙文和简单议论文的写作。如此，教材中的绝大多数学习任务便都未落实，而且在随后五个学期的作文训练中也不再会被落实，这些学习任务及其承载的知识信息与能力要素也就都未能得到必要的训练，成为认知的空白区。

中小学教师为何会随意替换课程学习任务呢？主要原因有三：

其一，考试指挥棒的制约。比如语文学科在数十年的高考中一直只考查几种常见文体的写作能力，甚至在考卷中特别申明"文体自选，诗歌除外"，语文教师当然也就落得一个省心，既不教现代诗歌的鉴赏，更不教现代诗歌的写作。

其二，旧经验导致的认知偏差。比如在本轮课程改革之前的数十年间，高中语文作文训练一直秉持高一训练复杂记叙文、高二训练议论文、高三训练散文以及其他常见文体的任务体系。当课程已经发生巨大变化时，教师的认知却未能跟上。

其三，教师自身能力的限制。绝大多数的教师，从七岁起便始终生活在逼仄的校园中，其能力与学养的修炼，最初取决于接受的学校教育，后来取决于工作需要和客观环境的影响。以有限的生活阅历和认知经验，应对无限丰富的课程资源，难免捉襟见肘的尴尬。依旧以高中语文教学为例，语文教师中写过人物通讯、调查报告、学术论文和新诗的人少而又少，要让缺乏这方面知识的高中语文教师高质量地指导学生完成这类学习任务，注定属于一场认知大挑战。于是，一部分人知难而退，干脆放弃这些学习任务。

前文已反复强调，每一门课程都拥有相对完善的知识结构体系。当教师不断替换甚至放弃相应的学习任务之后，这个知识体系便彻底崩塌，一部分学习任务被无限重复，另一部分学习任务从无问津。重复带来的是时间与精力的浪费，无人问津带来的是认知与能力的残缺。

3. 落实学习任务的基本方法

在"学为中心"的教学语境中，学科学习任务的完成既离不开学生的自主研修、合作探究，也离不开教学活动的精巧预设和教师的即时点评。

绝大多数的学生，并不具备精准提炼学习任务的能力。教师在组织学生开展课前自主研修活动时，需要先将学习任务明确地告知学生。此种告知，最好采用大概念的表述方式，也可以由教师引导学生共同研读各单元各章节的要点信息提示，师生共同提炼核心学习任务。

知晓学习任务之后，至少还有一半的学生难以将学习任务落实到课前的自主化研修活动之中。因为，在相对抽象的学习任务和过于具体的学习内容之间，还存在着桥梁和通道作用的情境、问题、活动或下一个认知层级的驱动性任务。这便需要由教师依照学习任务创设课前自主研修的任务清单，通过具体的问题或活动，引导学生对学习内容展开自主探究。课前自主研修清单上的问题或活动，应尽量贴近学生的认知能力，避免学术化和应试化。

课堂活动是落实学习任务的最重要场所。本轮课程改革倡导在真实性问题情境中研究相关学习问题，完成特定学习任务，但这一点存在较大的教学难度。对于绝大多数中小学教师而言，创设一个适宜的真实性问题情境往往需要绞尽脑汁地思考若干天，但课时学习却每天都在向前推进，因此，现实的教学活动中，绝大多数的家常课都缺乏活动情境。

情境缺位时，学习任务只能依靠驱动性任务、预设的问题和具体的活动向前推进。三者中，驱动性任务通常以问题和活动的方式呈现，但也会有特殊的呈现形式。预设的问题应与课前自主研修清单中的问题形成有效照应，且呈现出思维的深化，但又不能脱离学习内容和学生的认知心理能力。具体的活动需指向学习本身，指向学习过程中的思维激活、应用与延展。一般而言，课堂内的学习活动宜采用教师引领下的合作探究学习法，教师要在课堂活动中有作为，但又不乱作为。教师的作用，在于关键处的点拨，切勿用自己的讲授代替学生的思考与探究。

课内学习任务完成后，教师需要面对的最重要学习任务，便是由"学得"至"习得"的知识与能力转型。"习得"绝不是布置一套试卷或者几道具体的题目，而是要进一步强化思维训练，要运用"学得"的大概念探究并解决现实生活的具体问题。此环节的学习任务，同样需要借助任务清单的方式予以呈现。与前两个学习环节的学习任务清单相比，此环节的任务清单应更突出概括性，强化学生的概括性理解。

从近阶段各地的课改实践看，运用"三单"落实相应的学习任务已成

"学为中心"教学主张下的共识性行动。借助于此种学习任务驱动法，教学不仅可以让任务更清晰、指令更具体，而且能够给予学习者更多的"自成长"空间，真正意义上"让学习真正发生"。

4. 学习任务的检测与评价策略

教学中的检测与评价，包括过程性检测与评价、阶段性检测与评价、升学性检测与评价三种类型。前两者关乎教师的日常教学和学生的综合发展，属于必须重点关注的项目。

基础教育阶段各学科的学习任务的过程性检测与评价，指向多个维度下的多种学习任务。一般情况下，学习任务不同，对应的检测与评价便不同。

比如，传统型学科教学的学习任务，侧重于具体知识的理解与应用，其检测与评价便都注重解题思维与解题能力，并不在意运用具体知识解决现实生活的实践技能。本轮课程改革侧重于培养适应未来生活需要的终身学习能力，其任务检测与评价便都聚焦于特定情境下的跨学科性质的核心素养，更多关注运用教材知识解决生活问题的概括力、理解力和应用力。

实施过程性检测与评价时，不同的课程认知注定形成不同的检测手段和评价标准。传统型学科教学以作业和小测验为主要检测方式，以分数的高下裁定学生的学习效果。本轮课程改革以运用教材知识探究具体生活问题为主要检测手段。日常学习中，本轮课程的检测与评价更多关注能够应用于未来生活的多样态能力，而非只检测与评价指向应试的能力。如语文学科的诗歌创作、新闻评论、文学短评、新闻采访、社会调查、方志写作，均为应该列入检测与评价的学习任务，而其检测方式就是依照任务开展活动。

过程性检测与评价的根本性策略，体现为"教、学、评"的一致性，即课程目标、学习任务、活动内容、检测要点、评价标准均围绕统一的大概念展开。此要求在数理化等学科的落实相对规范。大多数情况下，教师能够既立足于课程目标、模块大概念和特定学习任务设定各具体课时的子任务，又紧扣目标、大概念和子任务创设情境、组织活动，还依照此目标、大概念和任务设计课后巩固与迁移的作业，组织必要的教学测评。

语文学科却往往被语文教师弄成了特例，不管学习的是什么样的内容，也不管学生需要养成什么样的能力，总是从起始年级开始，就用高考或者中考的能力点充当学情检测的唯一标准，形成了语文学科独特的"学的不考，考的不学"的怪现象。此种病症在本轮课程改革中依旧广泛存在，唯一的变化仅仅是贴上了情境化命题的标签。

学习任务的阶段性检测与评价，从学理上而言，和过程性检测与评价并无太大差异。区别只在于阶段性检测与评价更关注知识、能力与认知的概括性。检测内容应贴近阶段内的主要学习任务，同时适度关注既往所学中有联系、可迁移的内容。评价应侧重知识的迁移与实际应用。现实的教学活动中，阶段性检测往往过分关注显性知识的积累，无视了指向生活价值的隐性能力与思维品质，其评价也过于重视具体试题的对错以及与之紧密关联的分数，忽视了试题背后隐藏着的对大概念的理解与应用。

第四节

情境：不可或缺的学习场

本节所阐释的情境，特指真实性问题情境，有别于既往的情境化教学，更不同于情境化导入。真实性问题情境是贯穿于整个学习活动的完整性认知场域，为运用教材知识探究现实生活问题提供可实践的素材资源。

真实性问题情境中的"真实"，包括现实真实、模拟真实、虚拟真实三种类型。

现实真实情境主要应用于实验操作性课程，比如运用教材知识完成一次物理、化学或生物实验，也可部分呈现于语文、思政、历史、地理等课程，如将学生带入真实的田园、社区、古迹、地质公园，完成一次实地研学任务。模拟真实情境是将生活中的真实情境移入课堂，用情境再现的方式引导学生在特定时空中思考探究问题，比如设计展馆、编辑专栏。虚拟情境是对生活进行加工，在课堂中设计一个在现实生活中并不存在但又具有存在合理性的虚拟时空，供学习者研讨并解决相关问题，比如在太空打雪仗、与前贤对话。

真实性问题情境中的"情境"，包括社会生活情境、学科认知情境、个人体验情境三种类型。

社会生活情境即我们生存与发展的外部社会环境。日常教学中创设的社会生活情境，包含上述三种真实情境。既可以将学生直接带入真实的生活场景之中，利用教材知识探究真实场景中的具体问题，比如研究植物的生长状态，观察物候现象，研究地质地貌，在博物馆中研究文物，也可以在教室中模拟或虚拟一种情境，据此组织学习活动。

学科认知情境即以学科本体性知识为认知根本，利用学科本体性知识的内在结构、技能、原理、理论构建落实相关学习任务的意义场域。比如利用教材建构的古汉语知识体系学习具体的文言语法，利用文学鉴赏与创作的相关知识探究作文写作。

个人体验情境即以学习者自身对学习与生活的个性化感悟为认知基础，打通教材内容和学习者生活体验间的学理关联，以学习丰富体验，用体验助力学习。比如将教材内容编排成课本剧并进行表演，利用身份置换感知文本的情感变化。

1. 真实性问题情境的价值定位

《我们怎样思维》中，美国实用主义教育家杜威提出了著名的"反省思维五步法"：发现（感受）问题—界定问题—提出假设—进行推理—验证假设。将此种思维结构形式应用于基础教育阶段的学校教学活动，可推衍出如下学习流程：

第一步，为学生创设一个真实性问题情境，并将其引入情境中去发现（感受）问题。

第二步，引导学生对发现（感受）的问题展开思考，确立问题研究的方向、目标与任务。

第三步，针对该问题的研究预设可行性方案，借助于自主研修，对各种可行性进行研究验证。

第四步，将个体研究成果带入团队活动之中，借助于团队力量探究并论证相应的研究成果。

第五步，将来自课堂的研究成果带入现实生活之中，将设想转化为实践。

以此五个步骤充当学习力提升的必要组件，可发现真实性问题情境在常态化学习中处于最基础也最根本的平台位置，随后的四个步骤，则属于由此平台向上攀登的思维台阶。没有了真实性问题情境这个学习平台，学习者便难以将教材中的知识和现实生活建立起有效关联，难以依托现实生活自主性发现（感受）问题，随后四个步骤的学习也就只能被动地接受来自教师的直接告知。

或许有人会反驳：以前的学校教学并未倡导创设真实性问题情境，不也培养了无数的人才吗？这便涉及真实性问题情境的价值定位。以前的学校教学大多建立在教师"传道受业解惑"的学习模式之上，突出教师的"教"。真实性问题情境的创设则是为了学生自主地学，为了通过具体情境和具体任务给学生提供丰富的信息资源、工作工具以及适当的技术支持和思维引导，激发学生的概括能力、分析能力、理解能力，帮助学生获得知识经验的重组、转换和创造。也就是说，真实性问题情境的根本性价值，不但在于创设场域培养学生的自主思考、自主发现、自主探究的学习品质，而且在于助推其学会学习，学会真正地思考、应用与创造。

2. 真实性问题情境的特征分析

既然真实性问题情境如此重要，那么，是否任何学科的任意一节课都必须创设一个真实情境呢？

理论上而言，"无情境，不教学"是一种应然。但在实际运用中，真实性问题情境的创设却是一件极为艰难的事。我曾在2019年和2020年两次辅导团队中的青年教师参加省级优质课竞赛，为了一个合理的情境，我和我的团队每次都要斟酌推敲半个月以上的时间，结果也仅仅是差强人意。于当下的学科教学而言，提炼出学科大概念、依照课程目标和大概念设定学习任务，都只属于中等难度的教学行为。创设经得住学理推敲和实践验证的真实性问题情境，则属于高难度的思维活动。

什么样的真实性问题情境可以称为好的情境呢？必须具备下述八个特征：

（1）指向真实。即包含真实的特征，却未必一定是生活真实。

（2）凸显问题。即能够由情境中"发现（感受）问题"。

（3）注重实操。即能够提供真正的学习思考场域，"让学习真正发生"。

（4）激活思维。即学会运用教材中的知识探究并理解现实情境中的具体问题。

（5）提升能力。即在知识的具体运用中培养概括力，帮助学生学会像专家一样思考。

（6）承载任务。即隐含着可预设的多项学习任务，且可依照认知过程对这些任务进行排序。

（7）服务成长。即不但关注当下学习需要，而且关注未来生活价值，关注学习中的概括与理解。

（8）迁移复制。即不但可以应用于特定教师的特定课堂，而且可以推广应用于其他教师的普通课堂。

下面这段文字，是我执教高中语文传统课文《反对党八股》时预设的一个真实性问题情境。此情境属于社会生活情境和学科认知情境的综合。对照上述八个特征，我认为这个情境在现实的课堂中是有效的、可复制的。

> 2020年，浙江省高考满分作文《生活在树上》在全国范围内引发轩然大波。一段时间内，不同的读者立足于不同的审美认知而纷纷发表观点，或高度褒扬作者的丰厚学养，或极力批判作者的"不说人话"，或抨击高考作文评价的扭曲变态。今天这节课，我们就用《反对党八股》充当解剖刀，解析这篇高考作文。

当学生置身于此种学习情境时，《反对党八股》这一文本便只成为其解决现实生活问题的一个工具。也就是说，学生之所以要学习《反对党八股》这篇课文，并不是要知晓党八股的各种具体表现，也不是要简单了解作者的分析论证技巧，而是要学会运用这篇课文中的思想和技法分析探究现实生活中的具体问题。当学生在特定的学习情境中打通了课文与生活的关联，其获取的便不仅是具体的知识信息，而且是跨时间、跨文化、跨情境、可迁移的理解与应用。

3. 真实性问题情境的设计路径

刘徽博士在《大概念教学：素养导向的单元整体设计》中，将真实性问题情境的建构设定为六个步骤：确定问题情境的目标—寻找问题情境的原型—明确问题情境的类型—设计问题情境的框架—精修问题情境的呈现—组织问题情境的族群。

现实的教学实践中，极少有教师严格依照此六步骤创设学习情境。对于中小学教师而言，真实性问题情境创设的关键只在于想出一个精妙的、能够真正带动整节课学习的活动场域，以此落实"用教材学"的学习目标和任务。

活动场域从何处来？只能来自教师的阅历、经验与智慧。从当下的课程实践看，绝大多数的优质课、展示课上的真实性问题情境，和学生的学习与生活间总是隔着一截或远或近的距离，比如设计一份海报、制作一个展板、拟写一个电视脚本、撰写推荐语、编写百度词条、举荐人才、设计一个主题沙龙方案等等。不是说这些情境不真实，也不是说这些情境不利于发现（感受）问题，而是因为这类原本属于基本应用能力的活动形式，却因为学校教育的过于封闭而成为中小学生从未接触的陌生化行为。试想，从未留心过海报的学生，又如何能够将一篇小说的内容，用一个海报高度概括出来？

下面四个例子，较好地体现出真实性问题情境与自主性学习间的正向激励关系，从中也可以提炼出四种不同的设计路径：

示例1

《蜀道难》的写作背景与主题思想历来存在争议（运用PPT展示历代各种说法），请依据诗中的景物特点按照自己的理解判断哪种说法更可信。

示例2

学校组织朗诵会，你抽到的诗歌是《春江花月夜》，你准备如何朗诵这首作品？

示例 3

我校准备在新校区"问题情境化"阅读课程基地建设一个"世界文学经典形象漫画长廊",由艺术教研室和语文教研室合作完成。

我班将依托必修下册第六单元第 13 课《林教头风雪山神庙》和《装在套子里的人》,整合提炼"林冲"和"别里科夫"的相关素材,提交给艺术教研室。

示例 4

把目光投向东周末年。那个动荡的时代,因为诸子百家的出现,闪耀着思想的光辉:老子的小国寡民,孔子的大同世界,孟子的保民而王,庄子的依乎天理。先哲们永不停止的,是对理想时代的探索,对生命意义的探寻。现在我们将历史长卷首先定格在孔子身上。

这一天,风和日丽,松柏葱葱,杏花飘香,孔子和他的弟子们像往常一样,围坐在一起,讨论着人生志向。假如你是国家人才中心的负责人,在听完这场师生谈话后,会安排弟子们分别进入国家哪个部门工作呢?对于这样的安排,孔老师满意吗?

示例 1 立足于学科认知和个人体验创设情境,言简意赅,直接将课堂活动带入特定学习任务的自主性研讨之中。有此情境与任务,学生对《蜀道难》的学习便进入了高阶思维层面,既要沉潜到文本深处,又要超越于文本。此设计来自网络。

示例 2 侧重于个人体验情境。"如何朗诵"这一任务的完成,只能建立在对诗歌的咀嚼涵泳之中。学生只有反复研读文本,才能在和文本的对话中形成个性化的理解。此设计来自网络。

示例 3 融学科认知和个人体验为一体,以特定情境中的学习任务引导学生自主分析两部作品中的人物形象,筛选出最能体现人物性格的信息,同时还注重训练口语表达和书面语表达的精确、简明、连贯、得体。此设计来自我团队中的一位年轻教师。

示例 4 将个人体验与文本深度阅读融为一体,要完成相应的学习任务,就必须真正读懂作品中的语言，理解孔子对四位弟子的态度。此设计来自江苏省优质课竞赛一等奖案例。

示例中的四个情境，于学生而言均不陌生，学生可迅速进入情境所需的角色心理，快速展开学习活动。

4. 真实性问题情境的应用要点

现实的中小学课堂上，真实性问题情境往往只是一朵生硬嫁接的花，只在开始时偶显芳华，很快便枯萎于传统型课堂的流程之中。这样的课，便属于新瓶装旧酒，"为了情境而情境"，无法用情境提供真实的活动场域，更无法用情境助推"用教材学"的自主化学习。

真正意义的真实性问题情境，必须贯穿全部学习过程。所有的学习任务与情境紧密关联，所有的活动均在情境中推进。

2023年4月，我受邀赴山西省武乡县中学开展理想课堂建构活动，执教林庚先生的学术随笔《说"木叶"》。我在教学之初，创设了这样的情境与任务：

> 校刊决定转载林庚先生的《说"木叶"》，并撰写"编者按"予以推荐。但此文在格式上存在欠缺，只有正文，没有"内容摘要"和"关键词"。今天这节课，咱们就合作完成校刊交给咱们班级的这两项任务。

之所以要设计这一情境，一是因为"提取关键信息"属于本单元的学习任务，二是因为关键词和内容摘要属于论文写作的基本格式，四年后所有的学生都要在本科毕业论文上呈现这些信息。大多数学生本科阶段不再学习语文，也不会有专门的教师指导其如何提炼关键词和核心内容。这样思考时便会发现，我的设计目标指向的是学习中的未来生活价值。

有了这个情境与任务，整节课的学习便无须由教师引领着梳理文本，而是放手让学生从文本中归纳提炼。学生要让自己提炼出的"关键词"和"内容摘要"被其他同学接受，自然就要对文本的核心主张形成高度概括。如此,"要我学"也就变成了"我要学"。

由"关键词"到"内容摘要",再到"编者按",三项任务呈现的是认知思维的逐步深入。学生完成这三个任务时,既要不断强化对文本的研读,又要变换身份思考与表达,如此便将相应的语文素养落到了实处。

由此课案可知,在日常教学中创设出一个理想的真实性问题情境,足以将学生带入真实性学习的任务与问题之中,以任务和问题引导学生自主研读教材内容,运用教材中的发现与思考解决特定的任务和问题。这样的学习,学生能够抵达的认知深度或许比不上教师引领下的不断拓展、不断深化,但它建立在学生完全自主的学习语境之下,致力于培养一种真正自主、自觉、自知的学习品质。这样的品质,才是学校教育的最重要任务。

第六章　写作促提纯

述而不作，其行弗远。支撑此观点的观点，是写作可以促进认知思维的提纯与升华，推动知识经验由感性朝向理性持久发展。

学习型教师的写作必然指向专业实践，指向对教育教学实践的反思、探索与专业化表达。面对同样的教育教学现象时，勤于笔耕的学习型教师，往往更善于从多角度、多层级进行分析探究，也就更有利于抵达问题的内核。

教育写作写什么呢？天下万事，皆与教育相关；天下万物，皆可成为写作资源。问题只在于你是否有一颗敏感的心、一双聪慧的眼、一个坚持写作的好习惯。

第一节

开启专业写作之路

很多年以来，我一直在研究"真我写作"这一作文课题。我主张：中学生作文一定要说真话，抒真情，写真事，析真理。唯有以"真"为根，才有可能结出"善"与"美"的果实。

当然，此四"真"并不是对现实生活中所思所感的直接复制，而是建立在文学性表达基础之上的提炼、整合与深加工。有章法地说真话、写真事，有技巧地抒真情、析真理，是写出高水准文章的不二法门。

将此主张推及教师的专业写作，便是强调中小学教师要善于从日常生活中发现写作素材并将其加工成可发表的文章，要在作品中倾诉真正的生命触动与感喟，要致力于探寻任何一种教育现象背后的真相与本质，用文字向外界传递真诚友善的人生觉解与期盼。

1. 以叙事为起点，让故事说话

教育写作中最重要的，是灵魂在场。因为灵魂在场，才会有真体验、真情感、真思考；因为灵魂在场，才会对写出来的每一个字充满敬畏；因为灵魂在场，才会以虔敬的态度审视生活中的所有细节，并尽力将其用美好的文字表达出来。灵魂在场，才有对话，才有深情的倾诉，才有深切的思考。

灵魂在场的文字，主要体现为叙事。专业写作中的叙事，可以是教育叙事、教学叙事，也可以是教育者的生命叙事。从所叙之事的时效性看，叙事又可区分为日叙事、周叙事、月度叙事、年度叙事等不同类型。

并非所有的事都值得转化为文字。教师专业写作所叙之事，一定要与教育教学紧密相关，要能够折射出教育者对教育教学的深度认知和积极行动。

不要总想着写大事，写"有意义的事"。世间万事皆有意义，关键不在于事的大小，而在于是否能够从表象的背后发现规律性的事理逻辑。写作就像拍电影电视，蹩脚的导演以大场景、大制作来表现大时代，聪明的导演以小人物、小事件展现世道人心，间接呈现大时代的风云变幻。比如这几年热播的电视剧《山海情》《觉醒年代》《人世间》，主题都是极其宏大，故事却都是生活中的酸甜苦辣。

从文体特征而言，叙事就是以记叙、描写为主要表达方式的记叙文。日叙事属于简单记叙文，年度叙事、生命叙事属于复杂记叙文。叙事也可以文学化表达，以文学创作的章法写作叙事时，呈现出来的就是叙事性散文。

中小学教师在写作叙事类文章时，需注意如下五点要求：

其一，不管是何种主题的叙事，都要懂得"聚焦"。一个叙事围绕一个主题展开，选择的素材要能够从多个角度表达这个主题。

其二，千万不要"穿靴戴帽"，不要在文章开头先写一堆抒情或议论的文字，也不要在文章结尾生硬点题。不要担心读者读不出故事的意义。叙事就要让故事说话，所有的道理和情感都融入故事之中，让读者跟着故事感悟与思考。

其三，不要在故事中插入评价性话语，不要对自己所做的事给予意义标定。只要写活了故事，一切都会自然呈现。

其四，不能全部采用概述方式，一定要有足够的细节描写。但细节必须出现在故事的核心处，出现在意义呈现的关键处。

其五，生命叙事有独特的要求，必须注重呈现故事中"我"的生命体悟。"我"是生命叙事的绝对主角，如果只叙事一件"我"帮助学生找回自我的故事，就算不得生命叙事，只能是教育叙事。因为教育转化学生的故事中，"我"只是付出，没有吸纳，缺少"我"的成长元素。

近些年，很多地方教育部门组织教师撰写生命叙事并进行评奖。从我阅读到的叙事文本而言，有相当数量的叙事仅仅是教育叙事或教学叙事，算不得生命叙事。因为叙述者的生命不在场，在文章中看不到作者的生命成长状态。对此，学习型教师应形成明晰的认知。

2. 关注典型案例，学会案例分析

叙事的本质是内省，由内省而激活成长内驱力。但仅有内省远远不够，学习力的修炼与超越还必须从外部汲取力量，这便需要专业阅读，需要研究他人的教育教学案例，需要学会案例分析。

写案例分析的前提是选择适宜的案例。所谓"适宜"，并非代表正确或精妙，而是其中隐藏着值得关注的教育教学信息。比如有的课堂活动看起来很精彩，但放到新课程改革的背景下却会发现其本质依旧是"教教材"，那么，这个案例就"适宜"选用为解析对象。

案例分析区分为教育案例分析和教学案例分析两大类。每一大类中，根据案例的特征又可以细分为失败案例分析和成功案例分析两种类别。衡量教育案例成败的关键是教育常识与学生身心发展的应有态势，区分教学案例成败的关键是课程标准和学生的学习质态。

章法结构上，案例分析必然是先呈现案例，再进行学理分析。具体而言，又可区分为三种结构形态：

其一，单个案例分析，即先呈现一个典型案例，再对其进行多角度的解析。写作此类案例分析文章时，案例的呈现要具体，要有细节。如果是教学案例，可采用实录的方式，如果是教育案例，需包含典型细节。案例在整个文章中的占比尽量控制在40%以内，留下更多的空间供分析阐释。

其二，并列式案例分析，即依照单个案例分析的方式，逐个呈现案例并做适度分析。此种结构的案例分析，需围绕一个固定的主题展开，所选案例应属于同一主题的不同表现形态，体现着案例当事人的不同教育教学认知。作者的分析必须围绕一个核心展开，案例可以多元，分析不能多元。

其三，整合式案例分析，即依次呈现相关联的几个案例，从中提取共性化的元素并展开分析。写作此类型案例分析文章时，每一个案例都不宜太长，要么呈现片段性细节，要么用概述方式摘要介绍。展开分析时应重点探究形成共性化现象的多种原因，适度阐释个性化差异。

案例分析体现的是写作者对教育教学本真规律的认知能力。通常情况下，面对任意一个典型教育案例，都应该立足于"人"的成长需要这一根本，从当下学习需要和未来成长需要以及社会价值诉求等视角进行多样态解析。教学案例分析则必须立足于课程这一根本，从课程目标定位、学习任务确立、问题情境创设、学习活动开展等多个层面逐项探究。教学案例分析中最重要的一条，是课堂上学生的学习质态。

3. 强化反思意识，用随笔磨砺思维

"学而不思则罔"，学习型教师的思建立在日常教育教学行为基础之上，是超越于感性和经验的理性化思考。学习型教师的大脑中需要多一些思考，上了一节开心的课要思考为什么能够成功，上了一节失败的课要思考形成挫败的多方面原因，观摩一节展示课要跳出好差评价综合探究其中的主张与学理，参与一次活动要斟酌推敲其中隐藏的价值诉求与达成效果……思，或许会带来困扰，带来沮丧，但更会带来收获，带来成长。

思，必须形成文章。最便捷的文章，便是教育随笔。随笔的灵魂不在于随意，而在于聚焦，讲究的是文章体式上的自由和理性认知的一致，也就是通常所说的"形散而神不散"。

从表达方式看，随笔可叙可议，但更多体现为叙议结合。比如，遇到了一个有趣的人、一件值得关注的事，心中有所触动，便可写作一篇感悟式随笔。读书时遇到一句拨动心灵的话，引发了对既往经历的回忆，便可写作一篇回忆性随笔。我曾因为教室里的一个标语、一个盆栽、一只小虫子写作并发表了三篇教育随笔，也曾因为校园中一位迟到的学生、一个不愿意读教育叙事的教师写作并发表了两篇教育随笔，还曾因为外甥女的宠物兔子写作并发表了一篇教育随笔。这些文章都是有叙有议、以议为主，由一件具体的事逐步拓展到对教育教学本质规律的思考与探究。

需要注意的是，教育随笔属于一种特定文体，并非无章法的随意表达。有些教师每天坚持写作一篇教育日记，将一天中大大小小的事都记录下来，

这样的文字也就仅仅是日记，不是随笔，也不是叙事。真正的教育写作必须聚焦于一个核心意义的阐释，不论是什么样的文体和结构，主线不能断，主题不能散。

倘若必须将教育随笔比作某种文学作品，则类似于杂文。中学课堂上，都学过鲁迅先生的杂文，都知道鲁迅先生"嬉笑怒骂，皆成文章"的章法结构与言说风格。写作教育随笔时也可以如此，以一个写作缘起为圆点，将思维朝向四面八方辐射。当然，采用逐层深入的解析方式，围绕一个核心一步步往深处挖掘，亦不失为一种好的章法。

教育随笔的写作，犹如美术中的速写或素描，属于基本功。教育随笔的最大价值，在于磨砺思维，让大脑始终处于一种理性思考的状态之中。教育随笔写得多了，对教育的方方面面都有了一定量的思考，也就能够写出较长篇幅的论文，甚至能够公开出版教育教学专著。

4. 撰写学术论文，培养认知理性

教育写作中，创作难度最大的，非学术论文莫属。

学术论文是一种纯理性的产品，不但需要写作者拥有相对超前的学术认知，而且需要严谨的思维逻辑和精准的言语表达。所有能够公开发表的学术论文，虽未必具有多强的前瞻性，但一定具有现实的引领性，能够给予读者某些正向的启发或示范。

学术论文属于规范的议论性文本，需要写作者对所阐释的论题拥有明确的价值主张，且此种主张能够被大多数人认同，或者能够在现实教育生活中被验证为正确。学术论文的写作过程，就是写作者从自身教育教学实践中或者他人研究成果中寻找足够充分的论据材料，论证自身主张合乎科学与规律、尊重常识与人性的过程。学术论文中的论据，可以来自写作者的亲身实践，也可以来自已被证明为正确的他人研究成果。

写作学术论文时，"我想""我觉得""我认为"均毫无价值。上述的叙事、案例分析和教育随笔可以更多呈现写作者的个体认知体验，学术论文则不允许这样。学术论文要论证或阐释的必须是具有共性化特征的论题或论

点，其研究成果要能够被大多数人接纳并运用。

　　当下，绝大多数中小学教师对写作学术论文存在认知上的诸多误区，其中最具代表性的观点是缺乏有深度的理论，写不出有深度的文章。学术期刊上发表的论文固然不乏理论阐释之作，却也同样存在一些立足具体教育教学案例提炼可行性方案的佳作。我曾经发表过一篇类似于案例分析集锦的教学论文，全文只围绕高中语文文学类文本复习课中存在的问题展开探究，先破后立。全文六千余字，没有引用一个教育理论，也没有引入一句名家名言。这篇文章题为"文学鉴赏题复习中的'忌'与'宜'——以'作用分析类题型'公开课为例"，有兴趣的读者可到中国知网上查阅。此文发表后，还被中国人民大学书报资料中心《复印报刊资料·高中语文教与学》全文转载。

　　教育理论是什么呢？并非一定指向学者们的认知主张，更非指向由一大堆拗口的名词堆砌而成的所谓专家观点。真正的教育理论恰恰指向常识，指向由无数个常识提取而出的概括性理解。当我们能够从若干的失败案例中归纳出避开雷区的几点可行性技法时，这些技法就是我们的理论。从这一点而言，中小学教师的学术论文就要始终立足于探究具体的教育教学问题，从司空见惯的现象中发现某些规律性的信息，进而提炼出某些跨时间、跨文化、跨情境、可迁移的认知主张。做到了这些，就是完成了一篇高水准的学术论文。

第二节

多一点田野实践

教育写作也是一种田野实践，是建立在教育教学田野实践基础之上的更深层次的认知思维实践与创作实践。"写"的前提是"做"，教育写作不但要"吾手写吾心"，而且要"吾手写吾行"。

当教育写作与教育教学实践建立有效关联之后，"做"与"写"便成为一对相互帮扶的好兄弟。在二者的同盟中，"做"成为有明确的目标引领和任务驱动的实践行动，"写"成为对实践行动的反思、提纯与升华，成为"更好地做"的助推器。

学习型教师应该如何借助教育写作完善自身学习力的修炼与超越呢？最理想的方式，无外乎如下三种——

1. 及时捕捉实践中的灵感，用文字为灵感作注释

在各地进行培训时，时常有教师跟我说："我也想写论文啊，但不知道写什么。老师你能给我一些建议吗？"我的建议通常是：不要急于写教学论文，先从教育叙事、教学叙事、案例分析、教育随笔写起。至于写什么，更无须刻意追求，遇见了什么便写什么，任何能够让大脑中灵光一闪的东西，都值得立刻将其转换为文字。如此，何愁写不出好的文章?!

上述建议，其实就是教育写作的"武林秘笈"。教育写作从来不是坐在电脑前绞尽脑汁苦思冥想的产物，而是教育教学实践的馈赠品。俗话说，贫穷限制想象力。实践经验匮乏，固然无法写出高质量的教育文章；有持久

的实践，有日渐丰厚的经验，也经常性生成一些好的念头、催生一些好的行为，却始终没有将其及时记录下来，等到想着写点文章时，好念头和好行为早已忘却，这依旧可以归结为实践经验匮乏，至少是教育写作的实践经验严重欠缺。

从我自身的写作而言，我所发表的数百篇文章中的绝大多数，都来自我的教育教学实践，来自我对教育教学实践中那些一闪而过的念头的及时捕捉。这些念头未必一定能够引发一篇教学论文，也未必一定最终转化为一篇完整的文章，但它既然"大驾光临"，我就必须"恭迎圣驾"，以虔敬之心礼待它，将它的一言一行记录在册。也许并不要多久，另一个念头又触发了我另一种思考。我将这些原本碎片化存在的文字进行整合，也就能够组合为一篇可以发表的教育教学文章了。

我最喜欢举的一个论文写作案例，是一次听历史课，内容是战国文化。当历史老师在黑板上写下"合纵连横"四个字时，我的脑海中突然冒出了一个念头：我要写一篇论文，题目就叫"语文教学需要'合纵连横'"。有了这个念头，我开始调动我的记忆储备，寻找语文教学中具备时间纵线和空间横线的素材。具体写作时，我先把提纲列出来，然后分块去写，一个板块的内容完成后，并不急着写另一个板块。大脑中将需要表达的内容理顺了，将需要运用的论据材料备足了，这才开始写下一个板块。以此类推，四个板块分四个时间段写完。

当我将这次论文写作经历讲述给各地的教育同仁时，常常会形成共鸣：是啊是啊，我也经常有这样的灵感，只是我没有像你这样把它写出来。面对此种共鸣，我真想追问一句：有灵感却不将其表达出来，不就是入宝山而空手归吗？

教育写作中，入宝山却空手归的现象太过寻常。比如，参加一次优质课竞赛，前前后后磨课半个月甚至一个月，教学设计数易其稿，这是多么难得的一个写作素材，足以写出若干篇各种类型的教育文章，但大量的参赛教师并没有将其表达出来，除非获得了好名次，杂志社邀请其将教学设计与反思形成文章。再如，经过长期努力，成功转化了一名"问题学生"，其间既有无数回合的斗智斗勇，又有难以统计的细节故事，这些凝聚了心血和智慧的行为与经验，不用文章呈现出来，岂不是既不利于自身能力的稳步提升，又不利于好方法的推广应用？

2. 预设研究性选题，用实践为写作提供论据支撑

灵感不在场时，又该如何写作教育文章呢？这便需要预设一些研究性选题，带着选题到教育教学实践中探索，然后将探索中收获的认知、感悟、联想及时记录下来，从中归纳共性化的理解。

这是另一种方式的教育写作，类似于文学创作中的"主题先行"。比如，新一轮课程改革倡导在真实性问题情境中展开学习活动，便可以围绕真实性问题情境的创设与应用这个主题，先在自己的课堂上摸索与实践，随时记录相应的思考、发现与感触，再适时将其加工成一定量的文字存储下来，待积累相对丰厚、认知大体完善时，开始构思论文的框架，将实践经验转化为理论成果。

2015至2016年，我计划进一步完善"三度语文"的理论建构，将其细化为不同文体作品的教学技法提炼与应用。如何完成这一任务呢？我采用分项突破的方法，一段时间集中探究一类文体的教学。为了给理论提炼积累足够丰富的素材，我在备课时反复研读教材，从教材学习任务中寻找教学的最佳突破口，然后在课堂上践行并验证。成功了，归结经验；失败了，总结教训。如此，用了将近两年的时间，完成了文学类文本教学、古典诗歌教学、文言文教学和选修教材教学四个主题的二十篇论文。

举这个例子，目的在于传递一个基本性认知：教育写作的过程，也就是课题研究的过程。这个课题未必属于省市立项项目，但一定是中小学教师自身的"立项"研究内容。在日常教育教学中给自己一个可行的研究目标，然后朝向这个目标持续性行进，思考、实践、写作同步展开，论文创作便不再属于高不可攀的事。

受多方面因素的制约，中小学教师的教育教学实践无法完全脱离功利性诉求，但这并不妨碍其教育写作的去功利性。教育写作固然需要秉持"真我"思维，但也不拒绝依照规律和学理探究教育的应有态势，不拒绝借助专业写作获取尘俗社会的名与利。从这一点而言，倘若能够申报立项一个省级课题，能够以课题研究为抓手，一边在教育教学实践中积累课题研究的相关成果，一边思考并修正完善教育教学认知与技能，同时将这思考、修正与完善后的认知加工成各种类型的教育文章，岂不是一件多赢的事？

常态化教育教学生活中，指向教育写作的教育教学实践内容丰富、形式多样。比如，从量化考核的视角看学困生，其存在就是奖金的灾难；从教科研和教育写作的视角看学困生，其存在就是特别丰富的写作素材。中小学教师应该学习名医的科研品质，以医治疑难杂症为职业快乐之源。再如，从舒适、省事的视角看课堂教学，沿袭老方法、老经验未必不能赢得教学的成功和学生的尊重；从自我挑战、自我完善的视角看课堂教学，则绝不会容忍"穿新鞋走老路"，一定追求顺应时代发展要求的新认知、新理念、新方法、新范式。

3. 融通他人实践成果，在观察与鉴别中提升能力

课堂观察与专业阅读，也是特殊形式的教育教学实践。此种第三视角下的观察与阅读，剥离了"我"的当事人身份，更有利于客观、公允地钻研学理，创作相应的教育教研文章。只是，开展此类型的实践活动时，写作者自身的理论积淀和学养认知势必影响甚至控制研究结论，需要写作者超越感性与经验，更多立足于课程规则和教育规律分析阐释。

比如，参与校内的教研活动时，观摩了同事的一节课，评课时有人"只想栽花不愿挑刺"，说一堆缺乏实际针对性的溢美之词，也有人从自身经验出发，针对某些细节性问题提出斟酌性建议，这都算不得真教研、真探究、真实践。学习型教师应该做的，是从一节课中捕捉到最有探究价值的一个信息，由此及彼地深入挖掘，从中归结出共性化的认知或技法，用作自身以及他人未来教学实践的指导性经验。

再如，外出观摩大型教学赛事，或者参加主题研修，其所见与所得又优于参加校内教研活动。在两三天的时间内，集中观赏数十节经过反复打磨的

精品课，即便是全无教学经验的人，也能够仅凭直观感受便区分出其间的优与劣，学习型教师又怎么能放弃这样的业务研修机会，不将所见、所悟形成特定的文章呢？可写的内容实在太多了：感觉最好的那节课，可以写一篇案例分析，阐释其"好"背后的课程价值、成长价值；感觉最差的那节课，可以写一篇案例分析，探究其失败背后的目标定位、学情掌控、活动设计、时间安排等细节性问题。还可以围绕一个主题——比如教师的教学机智——从若干节课中精选相关片段，展开多视角的分析，甚至可以将所有的课均视作论据资源，从更宏大的视角探究大型赛事中的课堂教学定位和教学策略……写，是为了给思想留痕，是为了更好地消化吸收。

专业阅读亦是必须关注读、思、行、写的融通。倘若读的是课堂实录或教学设计，则与课堂观察并无大的差异。如果读的是理论著作，则必然要打通此理论与自身教育教学实践的关联，用自身的思与行，验证此种理论。在此基础上，再将验证中的发现整理成文章，形成"他人理论—自身实践—反思消化—自我认知—自我理论"的闭环式自主阅读过程。如此，阅读能力与写作能力便都得到了强化。

专业阅读时，还可以写作另外三种类型的文章：其一是写作读后感，其二是写作书评，其三是写作文本解读。写作读后感时，要抓住最有感触的那一个点展开探究，要将思维拓展至自身的工作与生活之中，借助丰富的联想阐释阅读该作品的多元价值。读后感的基本结构形式为"引、议、联、结"。写作书评时，则需始终立足于所读作品的内容展开剖析，尽量避免论题的游离。书评的基本结构形式为"叙、析、评"。读后感是以作品为圆点，思维朝向四面八方辐射；书评是始终聚焦作品这一核心，从四面八方朝向这个核心辐辏。至于作品的文本解读，又可区分为感悟式解读、品鉴式解读、应用式解读等多种类型。其中，感悟式解读类似于读后感，品鉴式解读类似于书评，应用式解读则侧重于技法指导，强化理论转化为实践的具体方法。

第三节

在理解中完善

所有的教育写作，均离不开写作者应有的教育理性。中小学教师的教育理性，又只能建立在教育教学实践经验的整合、筛选、提炼、概括之上，属于对教育教学本真规律的概括性理解或全局性理解。依照美国学者林恩·埃里克森和洛伊斯·兰宁的观点，"理解"是高于"知道"和"能做"两项基本技能的上位性认知能力，是构成"原理""理论"的思想要素。

"理解"无法超越个体的阅历与体验，庄子《逍遥游》中所说的"朝菌不知晦朔，蟪蛄不知春秋"便是最好的例证。中小学教师当然都是知"晦朔"、识"春秋"之人，但对于"晦朔""春秋"之外的更为丰厚的教育教学原理以及无限广阔的社会生活理论，则未必能够形成客观公允的理解，毕竟，校园太小，社会太大。

事实上，即便是阅历之内、体验之中的事，如每天都置身其中的教育教学行为，也未必人人皆能形成完备的理解。这又涉及教育者是否善于观察、思考与感悟。仅只满足于不停歇地做，却不懂得适时驻足沉思，不懂得用文章整合自己的思考，形成自身的理解，其教育教学便永远停留在感性层面。

1. 表象的背后必有本质

如果没有教育写作意识，每天经历的事便多属于过眼云烟，很难转化为教育者应有的职业技能与教育智慧。比如，有人教书二十年，便抱怨了二十年的书难教，却从未想着将抱怨的内容转化为教科研的项目，从未想到拿起笔写一写为什么书难教，更未从学科课程建设的高度深入钻研影响教育教学的深层次问题，如此，余下的二十年便依旧只能收获抱怨。

当然也有人并未开展专业写作，却在教育教学中取得了不错的成绩。这不能证明教育写作没有价值，只能说明这类型的教师已经具有较好的田野实践品质，能够注重从实践中归纳提炼相关的经验。如果他们再善于将自身的实践经验形成体系化的文章，则其认知又会得到进一步的提升，进而取得更大的成就。

教育教学是一件极复杂的系统性工程，每一位置身其中的教育者，对此工程的理解都存在一定程度的认知缺陷。缺乏经验固然可怕，只依靠经验工作，也终究难以抵达更高的平台。修补缺陷的最理想方法，无外乎专业实践、专业反思、专业阅读和专业写作，此四者缺一不可。四者中，大多数人能做到前两者，成为熟练教师；少数人能做到前三者，成为骨干教师；极少数人能四者兼而有之，成为学者型教师。

学者型教师有什么独门秘笈吗？基础教育领域中的学者型教师的最突出之处，就在于凡事能够透过现象探寻本质。这种本领只依靠静思很难全方位获取，必须借助专业写作才能夯筑。毕竟，大多数人缺乏超强的记忆力和信息整合力，很难在大脑中将多种信息加工成条理清晰的体系化思考，更难将这样的思考长久储存在记忆中。唯有以文字为钻机，在教育教学的土地上一层层钻探取样，一层层解剖分析，才能不断加深对研究对象的理解深度，直至抵达终极目标。从这一点而言，教育写作确实是最好的"存储器"，也是最好的"翻页笔"，能够引领中小学教师依照特定的认知规律有条理地观察、思考与探究相应的教育教学问题。

学习型教师与学者型教师之间的差距，是否体现为教育写作能力的高低？答案并不确定。学习型教师中必然有一些勤于教育写作的人，也必然有一些懈怠于专业写作的人。于前者而言，需要进一步思考并践行的，是已经开展的教育写作是否注重了透过表象探寻本质，是否养成了由诸多教育表象中归纳提炼概括性理解的能力；于后者而言，需要的则是不管遇到什么样的教育教学问题，都要在思考之后立刻用文字将感悟或反思记录下来，并在力所能及的范围内，对相应问题展开多视角、多层级的分析。

2. 教育的答案丰富多彩

在表象与本质之间，隐藏着多层级的认知思维。表象能够提供一种答案，本质能够提供一种答案，中间的多个层级的认知也能够提供多种答案。这诸多的答案或许很相似，也或许存在很大的差异。教育写作的价值，就在于以写促思、以写促研，发现多种答案，鉴别多种答案，验证多种答案。

所有的答案注定不会全部正确。只依靠表象信息获得的答案，必然伴随着感性与肤浅。直击本质的答案，也会因为研究者探究力与理解力的差异而生成多种结论。如此，便需要在呈现答案的同时呈现思考研究的过程，需要用文字呈现出推理、论证、分析的详细步骤，供他人品鉴。

比如，当我们开始思考中小学生过重的课业负担这个论题时，表象层面的答案一定指向中小学教师。往深层次挖掘，则会发现中小学教师之所以要布置很多作业，主要是为了用作业捍卫学科尊严和自身尊严，同时维护自身的既得利益，因为学校要搞分数排名，要根据排名发奖金或绩效工资。学校为何要对教师进行分数排名呢？因为这样便于形成教师间的竞争意识，可以整体性提高学校的升学率，同时有利于行政管理。学校为何要关注升学率呢？因为教育行政管理机构同样会用升学率给学校排名。教育行政管理机构为何要给学校排名呢？因为地方行政机构习惯于用升学率作为衡量地方教育优劣的唯一标准。地方行政机构又为什么注重教育的升学率呢？因为事关社会的评价和百姓的口碑，亦涉及此地与彼地间的升学率比拼……

这样分析时，每一层级有每一层级的答案，每一层级的答案背后又都有一些很难克服的难题。一些社会闲人基于狭隘的认知，将教育中的各类问题全部归因于中小学教师，这样的答案，中小学教师当然不认可。但中小学教师能将过重课业负担问题全部归因于社会吗？社会应该也不会认可这个答案。

如何解开这个看似死结的问题呢？不要急于下结论，静下心，拿起笔，一层一层地分析，一步一步地探究，就算未必一定能够真正发现一个令全社会共同认可的答案，但至少可以为大众提供一些有价值的参考。

这仅是利用教育写作对日常教育教学问题展开必要梳理的一个寻常例证。现实教育中，需要进行此种分析与探究的现象不胜枚举。举这个例子，只为了陈述一个事实：面对任何教育教学现象，都不能只依据感性和经验轻率下结论、贴标签。真想发表观点时，就用文字去申述主张并进行严谨论证。任何问题，只有用文字去解析，才能朝向思考的纵深处多走几步，才能距离本质规律更近一些。

生活中，很多人习惯于依照自身的逻辑与认知标定事物，习惯于用"对"或"错"的二元对立思维品评他人他事，却极少能够针对自身主张形成严谨的逻辑分析。此种行为，与"学习力"的修炼与超越全无半点关联。学习型教师需要做的，只能是多思、多读、多写，在读、思、写的结合中不断丰富，不断完善。

3. 想得多未必写得好

想写却写不好，也是一道常见的教科研难题。

前文说过，有相当数量的教师，在新教育实验团队中坚持写作教育随笔，一天一篇，笔耕不辍。但写了几年之后却突然陷入了迷茫，找不到写作的意义。因为他们发现，写来写去总未跳出对教育生活的简单描绘，既未在教育教学认知上获得大的提升，也未形成对相关教育教学技能的深度阐释，更没有发表任何一篇教育教学论文。

是这些老师缺乏对教育教学的深度思考吗？答案是否定的！这些老师在新教育实验中致力于理想课堂的建构和完美教室的缔造，探索出很多宝贵的经验，开发出很多高水准的课程资源。当他们受邀外出作讲座时，能够滔滔不绝地说三个小时，详细介绍自身的思考与行动。

但他们就是写不出像样的教育文章。

这便需要从教育写作本身寻找原因。如本章第一节所言，教育写作存在着多种体式，每一种文体都有自己的外在结构范式和内在言说逻辑。写作者只有依照特定的体式要求，有意识地进行写作训练，才能写出符合规范的教育作品。体式不是束缚思维的框架，而是规范认知逻辑的堤坝。

所有的文章体式都需要潜心探究，才能透过外在的形式，理解内在的逻辑层次。以最常见的读后感和书评的写作为例，缺乏体式研究的人总是将两者混在一篇文章中，前一个段落谈阅读感受，后一个段落评作品优劣，再下一个段落又跑到自身的理解之上，这便是想得太多却不会表达。

如果掌握了必要的写作技法，便知晓读后感应依照"引、议、联、结"的章法有序推进，书评则大体依照"叙、析、评"的结构逐层展开。写读后感，或是立足于作品的整体信息生发出某种感悟，然后将此种感悟带入生活之中进行类比、对比，从多个视角展开联想；或是只针对作品中的某一个点，甚至是触动灵魂的某一句话生成感悟，借此联想到无限丰富的生活。写书评，则是针对作品的某一典型特征从多个层面进行剖析，始终紧扣作品这一焦点，尽量不进行拓展迁移。

掌握这样的章法，不仅有利于写出符合规则的文章，而且有利于依照规则推动认知思维朝向纵深处延展数个层次，帮助写作者透过纷繁的表象发现隐藏在无序背后的有序，进而类推至对其他教育教学问题的思考与探究。如此，便形成了一种良性循环：一方面是在工作中发现了值得深入思考的问题，提炼出相应的观点，写成教育文章；另一方面又在写作中融入更多的思考，甚至查阅了相当数量的资料，阅读了一定量的教育教学理论，拓展了视野，提升了能力，养成了理性思维的好习惯。

4. 在概括中建构写作框架

所有的理解，都建立在精当概括的基础之上。教育写作所做的恰恰是概括之后的分析与阐释。也就是说，当我们需要对某一种或者某几种教育现象进行剖析或解读时，第一步必然是在具体中提炼出抽象的概括，形成概括性理解，然后才能由此及彼地深入探究。

即便是写作一篇教育叙事或者教学叙事，谋篇布局时，也离不开一条隐藏的主题线索。这线索依旧属于概括。概括是由感性认知到理性分析的转换点，是去伪存真、去粗取精的过滤器。

在本轮课程改革的语境中，课程内容的概括便是学科大概念。教什么、如何教、如何学等问题，均离不开特定的概括。所有的概括，均离不开事实、主题和概念的支撑，又对概念的解读、主题的阐释和事实的解剖具有统领价值。

将此理解带入教育写作中，则可以发现，所有的教育教学案例分析，都离不开具体案例的支撑，但又绝不只是为了评价这个具体案例的对与错、得与失，而是由此个案中概括出抽象性认知体验，推广应用到其他内容的教学中。同理，所有的教育教学论文，也都离不开一条具有概括属性的行文主线，无论是论文的综述、总结，还是分点阐释的各具体部分，均需围绕一个统一的大概念渐次展开。

下面，我以大单元整体化教学视域下的语文阅读教学为例，简要阐述如何利用概括建构一篇教学论文的写作框架。

第一步，从"事实"中发现。语文阅读教学中的"事实"，是单元中的一篇篇具体课文。如果没有被编排到一个特定学习单元中，则这些课文中的任意一篇，都具有无限的可解读性。但当其成为一个素养单元中的一篇学习文本时，其承载的学习任务便极其有限。这时，就需要依托教材的单元提示和学习任务，从这些文本中概括出特定的学科大概念，既用作写作的主线，也用作取舍教学内容的标尺。

第二步，辨析学习任务。各文本承载的学习任务，是概括后的再分配。分配的依据，是课程价值的最大化。大单元整体化教学视域下的单篇文本教学依旧具有存在价值，只不过这个价值必须归属概括的统一管理。

第三步，创设学习情境。情境即生活，真实性问题情境离不开具体的生活体验，但必须服务于运用概括中形成的理解，探求具体的学习问题。情境要确保学习的真正发生。

第四步，以大概念为主线，将语文阅读教学分解成三至四个分论题，分别针对单元大概念的提炼与应用、单元学习任务的设定与分解、单元整体学习情境的创设与应用、单篇文本学习任务与单元学习任务的关联等微专题展开分析。

此四步，既是构思一篇教学论文的思维导图，也是完成一个单元的整体化教学的施工蓝图，还是可以推及绝大多数主题单元的教学法指导方案。有了这样的思考与写作，专业实践和专业写作便融为一体，学习力的修炼与超越也有了具体抓手。

第四节

确立教育理性

时常有人问我："面对同一个问题，为什么我想不到从这个角度进行分析？为什么你总会比我想得深刻？"是啊，为什么呢？可能是因为阅历和经验，可能是因为性格与习惯，可能是因为积淀与理性，可能是因为天赋与灵感……不过我以为最重要的，是我善于用文章将我的思考表达出来。

这便涉及教育写作中的另一种认知：发表意识。对任意一个教育教学问题形成思考、写成文章时，有无发表意识会催生不同的思考与表达。无发表意识，便极少反复推敲作品的结构、反复斟酌作品的立意与表达；有发表意识，便会从编辑和读者的角度思考，想方设法在文章中呈现出新的认知、新的主张、新的方法，便会竭尽全力地把文章的思路理顺，让语言更有味道。如此，写作的全过程，便是与编辑和读者对话的全过程，是不断梳理认知思维、努力将思维朝向更深处拓展的全过程。这样的过程经历得多了，好的思维方式便训练了出来，教育理性也随之而生。

我有时也会故弄玄虚，将此种发表意识抬高至"敬畏文字"的高度。身为教师，敬畏生命，便需要敬畏课堂；敬畏课堂，便需要敬畏教学技能；敬畏教学技能，便需要敬畏教育理性；敬畏教育理性，便需要敬畏教育写作；敬畏教育写作，便需要敬畏写出来的每一个字、每一句话、每一篇文章。因敬畏，成习惯，得深度。

1. 源于实践，高于实践

教师的教育理性，只能建立在对教育教学规律的理解与应用之上。教师对教育教学规律的理解与应用，又离不开专业实践、专业反思、专业阅读和专业写作。专业实践为教育理性的形成提供认知素材；专业反思将来自实践的素材进行整合提炼，形成初步理解；专业阅读提供被验证的原理或理论，并对反思进行修正或补充，二者融合后形成深度理解；专业写作运用前三者提供的理解，探讨已知或未知的教育教学问题，努力建构更合理、更规范的教育教学实践范式。此种"从实践中来，向实践中去"的学理探究与运用过程，既是教师教育理性的养成过程，也是教师教育情怀的润泽过程和教育智慧的丰盈过程。

受多方面因素的影响，每一位教师持有的教育理性注定存在着认知级差。以"学生为什么要认真学习"这一论题的理解为例，就至少可将教师的教育理性区分成四个认知级差——

底层认知：认真学习才能取得好成绩，有了好成绩才能考取好学校，将来拥有好工作，收入高，被尊重。

二级认知：中小学阶段是智力发展的关键时期，也是人生观价值观形成的关键时期。这一阶段如果未能养成良好的学习习惯，形成的损伤或许就需要用漫长的一生去修复。

三级认知：认真学习才能不断拓宽知识面，才能不断提升学习能力，不断训练自我、成长自我、实现自我、强大自我。

四级认知：社会已进入高速发展期，决定一个人是否能够跟得上时代发展步伐的不是起点的辉煌，而是终身学习的能力。今天的学习，永远是在为未来奠基，为未来生活积累必要的素养，适应未来社会的发展变化。

四个层级的认知中，底层认知建立在现实生活逻辑之上，代表着绝大多数家长的认知状态，可解读为现实功利视角；二级认知着眼于当下学习的多重意义关联，代表着大多数中小学教师的共性化认知，可解读为教师视角；三级认知着眼于学习者自身的能力养成，彰显着学习对个体生命的雕塑价值，可解读为教育视角或课程视角；四级认知立足社会变革探究当下学习和未来生活的关联，侧重于未来生活价值的实现，可解读为未来视角。

视角不同，所见之景、之境、之情、之理必然不同。中小学教师教育理念的修炼与完善，就是要学习并应用多视角观察的认知技能，一方面持久开展自身的教育教学实践，另一方面用文字将这样的实践不断概括丰富，从中形成新的思考，收获新的感悟，养成新的能力。

学习型教师该如何培养自己的教育理性呢？方法就是尽量从高认知层级上思考问题、寻找答案。也就是说，学习型教师在面对任何教育教学问题时，既不能从现实的功利视角生成主张，也不能只从教师视角形成观点，而是要立足教育规律和课程目标，立足于未来社会的生活价值。只有建立起这样的思考习惯和表达习惯，才能真正理解教育教学，才能写出高质量的教育文章。

2. 既要输入，也要输出

教育的最神奇之处，在于输入与输出皆是获得。而且，很多时候，输出过程中的收获，比输入中的所得更为丰厚。

比如，学生从课堂中获取知识，形成了认知，便是输入之得。课余用此认知为同学讲解一道具体的题目，便是输出之得。该学生在讲解题目的过程中，不但系统性应用了课堂所学的知识，而且将其转换成了可拓展迁移的能力。

再如，教师为了更好地授课，阅读了一定量的课外文献资料，丰富了自身的知识信息，便是输入之得。具体授课中，将这些课外资料和教学内容融会贯通，形成了新的理解、新的主张，拓展了课堂的容量，收获了身心的愉悦，便是输出之得。

教育理性的形成与完善，同样离不开输入与输出的双向获得。不经历实践经验的验证，不经历专业阅读的滋润，便缺乏了输入的源头活水；不将所思所得整理成文章，不想着将汲取的信息转换为个性化的认知，去和他人对话交流，则输入中收获的财富便处于闲置状态，终将逐步风化，最终消逝。

我的专业成长，就始终建立在输入与输出的双向获得中。例如，2005年前后，我从期刊以及网络上阅读到一些全新的课堂范式，了解了一些学科教学的新主张，便开始在自己的课堂上践行这份输入中获得的认知。我这样做时，心中还有一个明晰的功利性目标，就是要将我的课堂实录发表到权威期刊上。带着这样的目标，我将输入中获得的理念和自身的教学认知相结合，上了若干节自身很满意的课，整理出多份课堂实录。这些课堂实录后来陆续发表在《人民教育》《中学语文教学》等期刊上。我如果不是想着在权威期刊上发表课堂实录，便不会绞尽脑汁地设计我的课堂，不会将课堂内容转换为课堂实录。

又如，2019年前后，高中新一轮课程改革全面推进，我阅读了一定量的理论著作，也研读了一些教学设计和课堂实录，在输入中逐步接纳了新课改理念。但大单元整体化教学到底应该如何开展？真实性问题情境如何创设？学习任务如何界定？驱动性任务和课堂活动之间如何建立有效衔接？……众多的困惑依旧存在。如何剖解这些困惑？我一方面继续加大专业阅读的力度，另一方面着手写作一本书，对新教材中的多篇课文进行教学解读和教学设计。我用这样的输出倒逼着自己不断思考、不断实践、不断完善，最终完成并出版了《高中语文新课创意解读和教学设计》，大体上理顺了思想，解开了先前的众多困惑。

当下，之所以有很多人对本轮课程改革持怀疑态度，表面看是因为输入不足，缺乏足够的阅读与研究，实际上是输出匮乏，没有在课堂上主动尝试，更没有用专业写作对课程改革的方方面面进行体系化探索。有此两方面的亏空，学习力必然受损，便只依靠感性、直觉来评判是非。

3. 倡导质疑，必须求证

学贵有疑。所有的疑问，必须建立在思考与实践的基础之上。

中小学教师的疑问，绝大多数来自认知经验与客观存在之间的碰撞。当某种客观存在以超越认知经验的方式出现时，质疑便开始形成：要么质疑此种存在的合理性，要么质疑自身经验的合理性。

只是，大多数的质疑并未在生活或工作中得到验证，因为相当数量的人总有做不完的琐事，无暇探究那些"务虚"的烧脑难题。比如，很多中小学教师在面对学科大概念的提炼与描述这一难题时，首先想的不是依靠自身的学习与实践攻克此难题，而是为什么教材编写者不直接将各单元的大概念直接呈现在教材中，为什么不依靠这大概念为每一个单元预设好可直接操作的真实性问题情境。但这两个"为什么"并不需要形成真正的探究，只不过属于两句牢骚话。发完牢骚之后，大多数人依旧是一头扎入没完没了的作业和考试之中，权当这个世界并没有学科大概念的存在。

学习型教师的质疑不应如此。学习型教师大脑中形成的每一个疑问，都应该成为一个备选的研究课题，成为专业发展道路上的一级台阶。形成了疑问之后，先要在自身的知识储备中寻找答案，然后进入专业阅读，借他人智慧丰富自己的头脑，寻找破解难题的密码。完成了这两步，紧随其后的就是开展专业写作，将心中的疑问归结成一种亟需探求的认知主张，再将此主张细化为多个探究论题，分门别类地进行分析论证。这样的质疑，便是做学问。

能够成为备选研究课题的疑问，具有这样一些特征：

（1）来自教育教学实践且超越直觉和感性，属于理性思考中形成的认知困惑。

（2）对教育教学行为有一定的影响力，影响着教育教学的品质。

（3）仅依靠短时间内的思考与实践很难获得真正的理解，必须借助于文字的概括与阐释，才能形成相对完善的结论。

（4）能够在教育教学实践中形成必要的论据素材。

（5）终极价值在于服务"人"的健康发展需要。

此五项特征，构成了日常教育教学研究的行动指南。学习型教师不仅需要依据此五项特征自主性钻研大脑中生成的各种教育教学问题，而且需要在看似无疑之处据此生发有价值的研究内容，助推学习思维朝向深度、宽度持久迈进。

至于破解疑问的具体方法，只能是因疑而异，因人而异。相同之处在于都必须立足实践，都应该借助专业写作。没有实践便无法获取真实的例证素材，无法及时验证思考与探究的成果；没有专业写作便很难锁定一个问题开展长时间的深度钻研，容易将研究流于浅层信息的认知与理解，难以直击问题的核心。

4. 尊重常识，敬畏人性

教育教学中，有很多看似无解的疑难杂症，只要回归常识与人性，便迎刃而解。但相当数量的教育工作者偏偏忘却了常识和人性，只依照世俗的功利需求应对日常工作中的一切。比如全社会头疼不已的过重学业负担问题，病根不就是偏离了最基本的教育常识，背离了最基本的人性需要吗？太多的人需要通过揠苗助长的方式抢占有限的社会资源，获得自身的利益，常识便成了"非主流"，人性便成了"负能量"，于是便一边嚷嚷着"挤死了"，一边竭尽全力地往前挤。

学习型教师的学习力修炼与超越，注定不能建立在反常识、反人性的语境之中。学习型教师必须知晓这样一些教育常识：学生之所以要进入学校，是为了收获更全面的成长元素，为了借助教材、教师以及伙伴的智慧开阔眼界、提升能力、建构理想、滋润情怀。以高体能消耗和高身体损伤为代价的疯狂应试行为，本质上就是反教育、反人性。教育固然需要提升学生的认知力，需要用一定的方式检测学习成效，但检测的目的是更科学地成长，绝非为了更疯狂地"榨取"。

教师自身的价值定位也必须遵循一些基本常识：教师是一个职业，教师这个职业的特殊性在于必须终身保持良好的学习习惯，懂得依照教育教学规律引导学生朝向正确的方向稳步发展。师爱的本质在于依照"人之为人"的应有成长方式帮助学生修正错误，助推其成为社会需要的合格公民，而非无原则地包容和接纳各种非理性的行为和习性。师能的核心在于拥有并不断更新自身的专业知识结构，时刻与教育科学的发展同步，与时代对"人"的正确要求同步。师德的焦点在于依法依规执教，敬畏合乎科学的生命成长质态，敬畏顺乎人性的合理性价值诉求，敬畏课程，敬畏执教的每一节课、传递给学生的每一种观点和主张。

缺乏审视与深思的大脑，通常会混淆了"常识"与"反常识"。比如上段所述的师爱、师能和师德，就有相当数量的教师基于"反常识"而确立意义，将师爱理解为全方位、全天候、无死角地呵护，将师能诠释为"抓分"，将师德解读为抛家舍业、放弃健康地付出。当这样的"反常识"成为教师甚至学校的群体性文化主张时，还会有几位教师热爱教育工作，将其视为值得终身求索的崇高职业？还会有几名学生热爱学习，能够在学习中建构幸福而完整的教育生活大厦，滋养出超越前贤的崇高价值诉求？

以写促思也是一种常识。用教育写作作桨，驾教育之舟朝向生命的明亮那方漫溯，亦是一种人性和诗性。在学习力修炼与超越的道路上，学习型教师何妨以尊重这样的常识、敬畏这样的人性为起点，多思考，多实践，多阅读，多写作，走出烦琐与凡庸，走进理性与卓越。如此，何人生命不辉煌？

第七章　互助致行远

所有的成长，都是内力与外力综合作用的结果。各种外力中，"尺码相同"的同行者不可或缺。

终日共处于同一所学校的人，未必拥有专业成长的"尺码相同"。中小学教师应有的"尺码"，只能取决于教育情怀、教育理性和教育智慧，取决于日复一日的劳作背后的坚守与探索。当"尺码相同"者自主组合为特定的专业发展共同体时，互助、互启、互惠、共赢便成为一种成长生态。唯有置身于此种良性生态，情怀才能拥有长久的滋养，理性才能获得长久的呵护，智慧才能汲取不竭的源泉。

第一节

寻找适宜的团队

人皆生活于环境之中。坏环境催生内耗，消弭理想，侵损激情；好环境激活动力，点燃斗志，滋润灵魂。

构成环境的最核心要素是人。人与人相聚，便形成了环境。之所以会有坏环境，是因为此环境中的人长久保持一种固化生存质态，让本该欢快流淌的河承载了太多的生命废弃品，自然也就不再拥有鸟语花香。

好环境则必须具备流动的特征，要么是人在流动，要么是人的思想认知在流动。流水不腐，流动才能带来活力，才能催生进步。于学习型教师而言，寻找并融入一个适宜的专业发展团队，就是融入一条奔腾不息的生命之河，就是收获一个身心双健的宜人成长环境。

1. 适宜的本质在于生命的自我完善

思想成长的最大阻力，不是物质的艰苦，不是生命的磨难，也不是灵魂的孤独，而是情感的舒适。任何一个人，一旦沉溺到情感认知的舒适区之中，其思想必然懈怠。在学习力修炼与超越的过程中，学习型教师之所以要寻找一个适宜的团队，就是要借助团队的力量跨越舒适区，步入超越自身认知力的教育教学新时空，用恒常的学习抒写一份永不停笔的生命叙事。

也许，你的身边就有这样的团队：你的教研组、学校，你参加的工作坊、培育站……如果这些团队能够始终保持一份昂扬向上的成长动力，求真，向善，唯美，务实，那么，即使你只是被裹挟着前行，也终会被这正能量一点一点地擦亮,一节一节地点燃,一步一步地走实、走稳、走向明亮的前方,最终成为光的一部分。

遗憾的是,大多数教师缺乏这样的幸运。现实中的教研组和学校,主要精力消耗在应付门类繁多的行政性事务之上,很难静下心来认真研讨教育教学中的真问题。相当数量的工作坊和培育站,也偏重于对照考评标准"有的放矢"地组织活动,缺乏直击成长要害的"点穴手"与"解剖刀",缺乏提升真实"战斗力"的"自由搏击"以及强忍着"创伤"参加的归纳总结。这两种类型的团队,虽贴着"教研"的标签,却缺乏真正的交流和碰撞,无法充当动力之源、成长之阶。

好在有一些民间性质的自组织团队正在蓬勃兴起,比如已历时二十多年的新教育实验团队,就高扬着"过一种幸福而完整的教育生活"的旗帜,团结起数十万中小学教师,全身心地投入到"改变教师行走方式""改变学生的生存状态""改变学校的发展模式""改变教育的科研范式"等四大改变和"营造书香校园""师生共写随笔""聆听窗外声音""培养卓越口才""构建理想课堂""建设数码社区""缔造完美教室""研发卓越课程""推进每月一事""家校合作共育"等十大行动之中。在这个日渐庞大的团队中,难以计数的中小学教师快速成长为新教育实验的榜样教师、卓越教师,成长为行政体制内的特级教师、正高级教师,成长为自带光芒的"这一个"。以我自身的成长为例,我就在无数的场合中宣言,如果没有接触新教育实验团队,我就不会拥有当下的生命质态。

事实上,我所在的学校不是新教育实验校,我所在的地区不是新教育实验区,我自身也从未跟新教育实验团队签署过任何一个加盟文约。我仅仅是以一个完全自由的旁观者身份,追随着这个团队向前迈进。

追随,源于认可,源于"尺码相同",也源于一种颠覆和重构。只有置身于一群比我更为优秀的人组合而成的团队中,才能不断榨出自我认知中的"小",才能心生羞愧、知耻后勇。这期间固然有被否定的挫败、被批评的屈辱,但也能够收获新思考的愉悦、新发现的惊喜、新探索的自得。我喜欢这样的成长环境,在这样的团队中,每一天都是痛并快乐着。痛,是蜕变之痛；乐，是成长之乐。

2. 团队的使命在于彼此的激励点燃

中小学教师的专业成长团队不是影视剧组，没有主角、配角和群众演员的区分，在教育教研的语境中，每一位团队成员都是思想的主角。团队可以有共同的目标诉求，有共同的行动方案，但不能有相同的思维方式和认知能力。好的专业发展团队应该具备互补性特征。

"发出声音"是教师个体在团队中主动成长的"标配"。当团队中的任意一位成员均可围绕某一问题发出声音并被其他伙伴倾听时，这个团队便具备了良好的专业研修氛围，能够为专业成长提供正向的激励和动力。

受学养、经验等多种因素的影响，任何一个团队必然拥有一位或数位领军型教师。这些领军型教师只能是活动的策划者、组织者以及相应问题的提出者，不能是标准答案的提供者和认知冲突的裁决者。教科研性质的团队一旦拥有了绝对权威，群体性研讨便会转化为群体性执行。

团队的凝聚力，来自相同的"尺码"。基础教育领域中的"尺码"很多，有些"尺码"虽也能够形成动力与合力，却缺乏大格局、大情怀、大觉悟，也就难以收获大作为。这便需要在选择"尺码"时既知彼，又知己，要保留一定的预发展空间，为思想的生长留一点空隙。切勿只考虑当下的"合身""合脚"。

好的团队绝大多数属于自组织。共同的兴趣爱好，共同的价值诉求，共同的生涯规划，让原本散落在尘俗中的一粒粒珍珠神奇地汇集在一起。置身于这样的团队，每个人都应该既接纳他人的点燃，又努力用自己的光照亮他人。强大者勿自负，羸弱者勿自卑，各尽所能，追求自身价值的最大化。

好的团队永远在向前行走，走在这个时代的学识、品格、情怀、理性的第一方阵。只有置身这样的团队，才能形成真正的超越：超越现实的蝇营狗苟，超越认知的鸡毛蒜皮，超越情感的家长里短，超越理性的利弊权衡，走进灵魂的崇高，走进生活的炽烈，接纳生命的沸腾，体悟存在的意义。学习型教师要能够从自身选择加入的团队中持久性获取感动、感悟和感发，能够听得见自身灵魂拔节生长的声音，看得见自身生命的日渐丰盈与润泽。

在团队中，"互助"是最根本的成长方式。"助"的释义可能很多，但从专业发展角度选择定义时，只能是"助推"。人皆有惰性，又多难以掌控自己的命运，总会在一些时刻心生倦怠，渴望躺平，甚至自暴自弃。如果此时误入了一个追求私欲满足的小圈子，并在这个小圈子中获得暂时性的精神抚慰，则极有可能从此沉沦。反之，如果此时进入了一个充满活力的团队，旁观着他人兴高采烈地奋力前行，便难免先是心有所动，再是身有所动，最后是跟上队伍一同奔跑。

毕竟，血总是热的，谁又甘于始终庸庸碌碌？

3. 成长的动力在于思想的碰撞与吸纳

在我担任班主任的"新网师"卓越课程班中，有几位学员异常忙碌，因为她们在本职的教育教学工作之外，又在"新网师"的多个团队中承担事务，比如在读书会中组织云端共读、参与经典共读，在写作团队中书写日常随感、撰写生命叙事。她们还积极参加"新网师"之外的其他民间专业成长共同体，定期听讲座，写作业，参与主题沙龙……

也有一些学员特别"沉寂"，从不主动发出声音，更不主动承担事务。没有人知道他们在阅读什么样的书籍，在思考什么样的问题，在写作什么样的文章。在团队中，他们似乎偏好于充当沉潜者和沉默者，风平浪静，莫测高深。

这两种类型的成长状态都需要警惕，因为他们有一个共同的缺点：缺乏与"尺码相同"者的真正交流。前者在过度的忙碌中丧失了与伙伴深度对话的时间，后者在过分的沉寂中丢失了与伙伴深度研讨的机会。

人的认知力提升离不开对话。阅读是读者与作者的恳谈，写作是"本我"与"他我"的互证，交流则是独立灵魂间的碰撞与融通。碰撞能够产生思维的涟漪，形成思想的火花；碰撞也会带来被否定的困扰，带来进入新境界的无助。"水尝无华，相荡乃成涟漪；石本无火，相击而发灵光。"将前人的智慧推及学习型教师的专业发展，依旧具有重要的启迪意义。

好的专业发展共同体中,交流与碰撞无处不在:指向能力养成的交流,指向认知差异的碰撞,指向理性生成的沟通,指向价值取向的争鸣,指向生存方式的包容,指向教育机智的切磋……当一位思考者与另一位或者另外的若干位思考者相逢时,总有太多的奥秘需要共同探索。

交流与碰撞当然不是为了争强好胜,不是为了抢占话语权,而是为了借他人智慧点亮自己的心灯。团队中的交流与碰撞,犹如一条溪流与另一条溪流的交汇,初时不断交锋,继而彼此相融、形成合力,偕同向前。

每一个个体的天赋、学养与个性均不相同,在团队中交流与碰撞时,难免有人咄咄逼人,有人谦和宽厚,有人偏执任性,有人恃才傲物。专业发展共同体的价值不在于建构情感的避风港,而在于寻觅思想的磨刀石,如此,便需求同存异,择其善者而从之。改动一下韩愈老先生的话,便是:"吾师道也,夫庸知其性之急缓薄厚乎?"

交流与碰撞的终极价值,在于激活与吸纳。储备的知识需要激活,蛰伏的激情需要激活,好奇心和好胜心也需要激活。每一位教师的灵魂深处,应该都安居着一个不服输的天使。一旦唤醒了这个天使,生命便有了不竭的动力。

吸纳属于更高层级的激活。专业交往中的吸纳,更多指向宏观层面的价值取向和认知经验,当然也不排斥微观层面的具体教育教学技能。吸纳有三种存在方式:一种是杂取众人之长,提炼整合后形成自身的认知与主张;一种是锁定一两个重点对象,重点研究并吸收其教育教学思想,用以修正并完善自身的教育觉解;一种是在专业交往中发现某些值得警醒的问题,反向汲取教训,进而催生正向的认知与体验。此三种方式的吸纳,均可构成学习型教师的自主研修技能。

4. 能力的提升在于行为的主动与担当

主持某次线下工作坊的集体研修活动时,我提出了"承担即成长"的口号,倡导全体学员依照各自特长主动承担相应的服务性任务。我认为,专业交往中唯有学会主动承担各种任务,才能全方位培养各项技能,为学习力的修炼与超越夯筑基础。

不要小看了团队活动中的主动承担。担任某次活动的主持人，就必须通盘考虑整个活动的流程，考虑各环节间的衔接过渡，考虑什么样的时段说什么样的话，考虑嘉宾和观众的情绪调动。承担某次活动的宣传报道工作，就必须不断捕捉镜头、发现素材，完成多种实用文体的文案创作。倘若是受命担当某个共读书目的领读人甚至主讲人，那更需要事先做好充分的准备，必须阅读大量的辅助性资料，必须学会透过纷繁复杂的信息精准筛选并概括相应的观念和主张……这些看似只服务于特定活动的事务，又何尝不与教师的日常教育教学紧密相关？

在我的"三度语文"团队中，需要主动承担的任务集中在开设汇报课、作专题讲座和编辑《"三度语文"通讯》三个项目。后者因为涉及排版等技术性问题，指定了专人负责；前两者则一律采用自主申报制。我发现，有两位年轻教师几乎每次都积极申报，也有一些教师从未主动申报。几年之后，那两位总是承担开课或讲座任务的年轻老师，都快速成长为有一定影响力的骨干型教师，或是在省级优质课竞赛中多次获奖，或是四处讲学。那些从不主动承担任务的教师，与之相比就逊色很多。

学习型教师的学习，绝非只追求学科本体性知识的更新与拓展，还必须包括教育教学技能的提升与完善，各类通识性知识的涉猎或理解。后两者，不但需要从书籍中学，而且需要从行动中学。在专业发展共同体中主动承担各类任务，就是十分有益的自主性学习行为。

也许有人会说，我在现实的学校生活中，也承担了很多的任务，为什么没有感觉到有多大程度的成长呢？这便涉及任务的属性。专业发展共同体中的任务，绝大多数指向专业发展这一根本，服务于教师综合素养的提升；日常校园生活中的任务，大多数指向烦琐的行政性事务，极少指向高思维品质的智力活动，当然难以提升承担者的学习力。

在专业发展共同体中，所有的主动承担均无须建立在无私奉献的道德定位之上。承担即学习，承担即成长，在有利于自身学习力的修炼与超越这一语境中，一切基于自身发展需要的主动争取，虽携带着强烈的功利意识，但依旧值得鼓励。功利从来不是贬义词，无论是"立德，立功，立言"，还是"为天地立心，为生民立命，为往圣继绝学，为万世开太平"，都具有浓厚的功利色彩。只不过，功利有大小之别，大功利利人利己，小功利损人利己。学习型教师在专业发展共同体中的主动承担，并无任何损人的成分，便是大功利，便值得追求。

第二节

互助，而非互赞

好的专业发展共同体离不开好的团队文化。自组织性质的学习型团队的文化，不以团队的发展壮大为价值诉求，而是致力于筑造团队成员健康成长的学习氛围，为每一个个体的自由舒展提供保障和动力。此种文化语境下，团队成员应依靠学识见解凝聚为一个整体，彼此间可以相互欣赏，相互扶持，却不可相互吹捧，相互利用。

然而，受现实生活的影响，相当数量的专业发展共同体中存在着一些尘俗社会的陋习，或是以匍匐之姿仰望权威人士，或是以社交之态礼敬其他成员，人与人之间过于彬彬有礼，缺少了学理面前的据理力争，缺少了为了洞悉真相而上下求索的折腾。最直观的表现，便是一旦有人在团队内发布了某一荣誉，绝大多数成员便立刻出来献花和点赞，而一旦有人遇到了某一问题需要征求意见，则"庭院寂寂""万马齐喑"。

将专业发展共同体扭曲成网络版的社会，是团队全体成员的悲哀，更是教育生态环境的悲哀。改变这样的坏风气并不难，需要的仅仅是集中精力钻研学问。

1. 形成详尽的互助研修计划

网络化时代，加入一个专业发展共同体并非艰难之事。如果这个共同体还附带着某种可预期的现实利益，则更容易群起而响应。只是，加入容易，开展真正的互助研修却很难。一是难在绝大多数的专业发展共同体属于无任何经费支撑、无任何荣誉授权的纯民间团队，缺乏相应的奖惩权；二是难在团队成员散居各处，天赋与秉性各异，各自肩头承担的家庭责任也不尽相同，难以在现实的各种羁绊与消耗中长久维持足够的教科研热情。

如此，便需要一种监督与推动的力量，长时间存在于团队之中，用作自律和他律的动力源。在自组织的专业发展共同体中，这力量只能是一种基于群体共性化需求的条约或计划。也就是说，当一群人愿意结为一个专业发展共同体时，大家应该形成一个乐意于共同遵守的条约或计划，用其充当团队专业研修的裁判员和监督员。

此种条约或计划，需具备可量化的特征。既要有宏观性目标与措施，也要有中观性方法与奖惩，更要有微观性具体行为和具体时间安排。比如一年间应该读多少本理论著作，一个月间应该针对这些著作完成多少读书笔记，每一天应该保持多少字数的最低阅读量。当计划细化到每一天的具体任务时，退路才会被封死。因为，具体到每一天的任务，没有明日可以等候。

2024年暑假时，我在"新网师"暑期工作坊开设专业写作课程。五天的线下集中研修结束后，一位初中语文教师担心刚被点燃的写作热情会在现实的生存环境中逐步消解，便倡议组建一个写作兴趣小组，每天或是提交一篇教育随笔，或是点评其他伙伴的教育随笔。有十位老师响应了她的倡导，约定凡当天不能完成任务者罚款1元。现在，半年时间过去了，我不清楚他们积累了多少罚款，幸运的是，我看到他们依旧在坚持写一些教育教学的文章，更幸运的是，他们的文章正在逐步朝向理性化、规范化方向迈进。

工作坊中的另外三十余位学员在这半年中是否坚持了专业写作，我不了解。因为工作坊结束后，很多人并没有像线下研修时那样将写出来的文章发给我看，让我提意见。我想，或许有人虽未加盟这个小团队，却同样在坚持着每天的专业阅读、专业写作和专业交往；也或许有人走出了工作坊之后，便被现实中的各种干扰稀释了情致，再未写过任何教育教学的文章。君子慎独，缺乏外力的干预和监督时，依旧能一如既往地把该做的事认认真真做好的人，终究属于"稀有物种"。

2. 组建更具凝聚力的微组织

在"新网师"卓越课程1班的第二次集体研修活动中,身为班主任的我,给六十三位学员布置了一个我以为很容易落实的任务:在现有四个学习大组之外,每一位学员均可依照自身的兴趣与特长,申请组建一个属于自己的微型研究小组。当每个人都提交了申请之后,班委会将相同或相近研究项目的人分作一个项目组,由他们自己推选组长,制订活动方案,定期开展活动。如此,全班便可在规定的研修内容之外,由这些自组织的项目小组主动开展互助式学习交流,集多人之力探究一些感兴趣的教育教学问题。

此项工作推进了半个月之后,我发现仅有三十余人依照共同的爱好组建起了十个微型项目团队,其中最大的一个研究小组八个人,最小的项目组就一个人。这十个团队,也未能每周定期开展一次主题研讨活动,因为总有人有这样那样的事需要请假,比如有人要晚值班,有人要带孩子,有人要照顾病人,有人临时有加班任务……

这让我不得不反思:明明是有益于自身专业成长的好事,为什么并未得到学员们的认同呢?后来我发现,真正的阻力不在于这个构想,而在于学员们在这个团队中的价值诉求与身份定位。团队中的学员在现实生活中大多是地方上的骨干型教师,有些还是副局长、校长、专职教研员,不但过于忙碌,而且自视较高,每个人都有能力独当一面,也就难免不热衷于共读共写共研了。

但这显然不是理想的自我专业发展质态。在教科研和教师专业发展这两个领域,越是优秀的人越应该聚集在一起,挑战更大的难题,承担更重的任务甚至使命。

当下,现实的校园生活中,真正的互助性专业发展共同体少而又少。以我所在的学校为例,为了推动教师的专业成长,学校陆续组建过二十人的特级教师后备人才培养团队、六十人的市级"四有好教师"团队、四十人的省级"四有好教师"团队,还以学科教研组为基础,组建过各学科的校级名师工作室。遗憾的是,越是成员众多的团队,活动效果越差。究其原因,同样在于价值诉求和身份定位。相当数量的人并不谋求教育教学中的"世事洞明"和"人情练达",只想着应试成绩,想着平均分和奖金,想着不被相关人员批评,又如何会以积极的姿态投入到自主性教科研之中?

好在总有特例。我所在的学校中,就有一位数学老师主动联系我,承诺每个月写一篇教学论文,请我督促并提出修改意见,还有一位英语教师经常拿着课题研究材料和论文请我指点。于他俩而言,便是和我结成了一个微型项目组。有了这个微组织的存在,便有了自主研修任务的存在,便需要在现实的教育教学之外自加压力,多思考一些问题,多探究一些方法,多确立一些主张。而这些并不会影响他俩的应试成绩、平均分和奖金,只会为其职称评定、骨干评选增添加分项。

3. 开展"去行政化"的真研修

规模较大的网络教师专业发展共同体中,往往建立起与现实生活相同的管理团队,人数众多,功能齐全。对此,我一直持怀疑态度,总担心其陷入现实的学校管理的精致化泥淖。网络的价值,在于寻找并发现有限的现实时空中难以寻觅的"尺码相同"的人。"尺码相同"者的相逢、对话与碰撞,便是《小王子》中小王子和狐狸的相互"驯养"。没有"驯养",纵使日日相逢,最多不过是熟人;有了"驯养",便成为生命的彼此成全者,成为不可或缺的"这一个"。

中小学教师专业发展中的专业交往过程,究其本质而言,就是寻觅并确立相互"驯养"者的过程。"驯养"是建立在互助共赢基础之上的真诚携手,是"一棵树摇动另一棵树,一朵云推动另一朵云,一个灵魂唤醒另一个灵魂"。这样的专业交往,哪里能承受得住尘俗的行政力量的管理?

无论是线下组织,还是线上团队,教师专业发展共同体的成立初心和运转价值,都在于拓展眼界、提升素养、润泽情怀,在于用一种充满了崇高精神的学术交流抵抗无孔不入的职业倦怠,为生命的美好注入活力。教师专业发展共同体中的学术交流和业务研修,必须基于由内而外的成长诉求,是教师的个体生命渴望借助外力的助推而获取意义的必要路径。共同体中的活动，是"我要做"，不是"要我做"。

受外部生存环境和自身成长经验的制约，一部分中小学教师在自主参与某些专业发展共同体之初，往往持有强烈的单纯应试思维，希望研究一些具体的"抓分"技巧。但他们注定会失望。因为绝大多数的自组织专业发展共同体，其存在的价值恰恰在于"反应试"。中小学教育教学无法完全远离应试，但应试绝不是教育的目的与意义所在。中小学教师真正需要探究的，是如何让学生成为真正的学习者。

在自组织性质的专业发展共同体中，学习型教师应坚持开展这样一些自主性研修活动：

第一，指向自身学科建设的理论与实践研究。这是提升教师学科教学素养的关键，是建构宏观性课程认知的基础。任何一门学科的教师，如果不能立足于国家课程方案和学科课程标准理解本学科的学习目标、学习任务，却一门心思钻研试卷和试题，注定不能称其为学习型教师。

第二，指向教师专业素养提升的路径与方式研究。此项研究务必建立在自主成长的前提之下，侧重于从专业阅读、专业写作、专业实践等视角探究教师个体在行政序列之外的自主性成长方式，包括如何在自组织性专业发展共同体内更好地获取成长的力量。

第三，指向教育教学内在规律的批评与建设。学习型教师要勇于做不合理教育行为的批评者，更要善于做理想的教育行为的建设者。要完成这两方面的任务，必须对宏观教育问题展开体系化思考，要阅读大量的教育理论著作，要比较东西方教育的差异并从中发现有价值的元素，将其纳入现实教育批判中。

此三方面的研究，离不开同伴互助。唯有在特定的共同体内经常性交流碰撞，才能逐步修正个人认知中的偏差，让批评更理性，更具建设性。

4. 善意且真诚地"诊疗"各种病症

2007年冬，利用高三集中阅卷的机会，我观摩了一次新教育实验课程研发团队的课堂分析活动。七八个人，散坐在一个能容纳二十余人的会议室内,一边看课堂的回放录像,一边进行分析点评。

这是一种外科手术式的课堂分析。从头至尾,都是辩论:你说授课者这句话的表达不精确,他说教学未必需要处处精准,有时就要有一些模糊语言;你说某个问题缺乏思维挑战性,他说好的问题必须由已知朝向未知过渡,不能一下子就呈现高挑战内容……

这样的画面,在我的大脑中保存了十七年。理论上而言,这样的教研才是研课的应有状态,各级各类学校的教研组研课,都应该如此。遗憾的是,在我三十九年的教学经历中,却从未见过哪一所学校的教研组会在评课活动中如此较真,如此细致地解析教学中的每一个环节、每一个设计、每一句话。

2013年,我与几位志同道合的朋友,策划组织了"乡村教育中国行"活动,后来,此活动升格为"新教育星火教师培育项目"。在我们这个团队中,每一次集体研修,都是"真刀真枪"地对阵,各抒己见,畅所欲言。虽未必一定能说服对方,但至少在交流碰撞中把自己的思路理清楚,深化了自身的教育教学理解。

举此两个事例,目的只有一个:学习力的修炼与超越,永远不能建立在虚假的抒情和空乏的赞美之上,必须从善意和真诚出发,撇开情感,寻求理性,直击学习本质和学习者灵魂。

现实的教育生活中,客观公允地评价一节课,已经成为一种奢求。一节公开课之后,一个教研组的数十个人坐在一起评课,发言者总是先说一堆的恭维话,再无关痛痒地提一两点建议。通常情况下,热热闹闹地"评"了一两个小时,任何一个实际问题也未能解决。

现实校园中的教研活动大体如此,行政体系下的"教研",属于不得不完成的任务。衡量此类型任务的标尺,在于是否拥有活动之"行"与"形",至于效果却通常不在可量化考核的范围之内。

这样的教研,当然无法提升学习型教师的学习力。所以,只有成立自组织团队,加盟专业发展共同体,才能在"尺码相同"的人群中实现精神、情感与理性的相互"驯养",才能散坐在一个真实或者虚拟的空间中,为了一个教学录像而一帧一帧地观看并争论,时而面红耳赤据理力争,时而相视一笑心领神会。

人,皆有认知盲区。赞歌听得再多,也无法将盲区拓展为可视区,更难以将其升华为可理解区、会应用区。于成长而言,善意且真诚地提出批评性意见,给出建设性建议,才是跨越阻碍、进入坦途的不二选择。

第三节

学会"断舍离"

往新校区搬迁时,面对二十年间积攒的数千册期刊和千余部专业书籍,突然很纠葛:从情感而言,这些文字都曾在特定时间段内开启过我的心智,助推过我的专业成长,属于我的"恩人""贵人",应始终对其持有"不离不弃"之情。从理性而言,在未来的时光中,这些曾经的阅读物大多不会再翻阅,就算是偶有检索资料的需要,也完全可以利用网络资源更为便捷地获取相关信息,完全不必耗费大量时间到这些旧书刊中"大海捞针"……

当我因是否将这些书刊断然舍弃而纠结时,办公室内的另一位老师正在"大刀阔斧"地处理她的"家私"。她几乎将所有存在时效性的书刊全然列入废弃物行列,包括历年来用过的课本,形成的教案,撰写的听课笔记。她说,既然教学在不断变革、不断发展,过去的这些东西就不会再用,留着也就是占个空间,还不如卖废纸,让它们最后发挥一次使用价值。

我当然知晓这些旧书刊的实际使用效率。事实上,十年前的那些期刊自从依照年份整齐放入橱柜之后,除了清理灰尘时取出过它们,便再未阅读过。专业理论书籍倒是因为写作的缘故时常会检索一些观点或者理论,但也局限于有限的几十部经典教育著作。我纠结的根源,不是理性,而是情感,或者说是积习。

我最终还是选择了部分性地"断舍离",舍弃了2020年前的所有期刊,舍弃了不具备教育前瞻性的近千部著作,留下了与当下课程改革有关的作品。我以为,留下的这些作品或许还会"有用"。不过也仅仅是"或许",不是"一定"。

1. 当断则断，剪除羁绊重建新体系

由这次搬迁联想到教师的专业成长，便发现教师的发展其实也始终处于"断舍离"的矛盾之中。且不说每一次国家层面的重大课程改革都是一次教育认知经验的"大搬迁"，都必然需要来一次全员性的"断舍离"，单是应对日新月异的各类教学主张、教学模式、教学技法，就必然存在对既有经验、既有认知、既有技能的继承或舍弃，改良或改革。

客观而言，基础教育阶段的教学内容具有明显的时代滞后性。教科书中的知识信息，无一例外地来自过去时代的认知经验与情感体验。教师在引导当下的学生为了未来的成长需要而学习过去的知识时，如果不能融入适应当下需要的新认知、新方法，便无法培养出拥有新思考、新思想、新技能的时代新人。正是基于这一具体且真切的教育诉求，每一位教师都必然需要不断更新自身的知识结构，不断丰富自身的认知领域，不断完善自身的思想与情怀，这便需要一次又一次地舍弃滞后的知识与经验，清空不适应未来需要的认知与方法，腾出空间接纳新信息、新技能、新诉求。

但在现实的教育语境中，相当数量的教师恰恰缺乏对各类旧知识、旧经验、旧技法、旧思维的主动清空意识。为数甚多的教师，在应对课堂教学、学生教育、自身发展等问题时，总是习惯于依照固有经验，尤其是曾被具体问题验证为有效的教育教学经验寻找对策，而不是依据新时代、新诉求、新对象探索全新的方法，也就难免出现一些困惑、一些抱怨，甚至一些倦怠。比如总有相当数量的教师感慨现在的学生越来越难教，也总有相当数量的教师对当下的课程改革持有强烈的抵触情绪。这些感慨者和抵触者，很大程度上还是一定范围内的知名教师。

这部分知名教师对待教育教学中积攒下的各类认知经验的"不抛弃，不放弃"，正如我对陪伴我成长的那些书刊的难以割舍。之所以未能果断地"断舍离"，不是因为理性，而是因为积习，因为曾经的价值。某些名师曾经依靠某些认知经验建立起全国性的影响力，赢得了无数的鲜花与掌声，当其

面对全新的课程理论时，难免依旧确信曾经的经验足以应对当下的需要，不愿意将其彻底舍弃，重构一套全新的认知与方法。

"恋旧"当然未必属于恶习，但过分地"恋旧"势必阻碍"纳新"的步伐。如上所举之例，既然"学生越来越难教"属于当下的客观事实，首先需要改变的就不是这个事实，而是教师的教育教学能力。教师只有舍弃旧经验、旧思维，从当下的社会现实出发，从未来社会的发展需要出发，主动探索新环境下的新问题，才能形成更具针对性的教育技法，最终扭转"越来越难教"的状态。教师唯有完全舍弃建立在信息荒漠状态下的"一桶水"思维，将自身置入永不停歇地吸纳与创新之中，才能确保自身持久性拥有"源头活水"，才能养成顺应新环境、新问题的新思想和新方法。正是在这一点上，一切教师都必须学会"断舍离"。

2. 该舍即舍，留出空间吸纳新知识

很多年前就有人说过，当今世界最不会改变的一件事，就是每天都有新变化。学校教育同样如此。当下，从没有一种教育主张能历久弥新，从没有一种教学方法能以不变应万变。教育的终极价值，在于为未来社会培养合格公民。未来社会充满各种变化，学校教育必然需要与之接轨，这就要求教师必须经常性梳理自身的理论储备，及时更新自身的知识结构，淘汰那些建立在已被淘汰的科技成就基础上的旧认知、旧思维、旧经验，纳入当今时代的科技新成果、新理念、新技能，打通日常教学和社会发展的认知关联，引导学生运用课堂所学探究现实生活中的具体问题。

以当下课程改革倡导的大单元整体化学习为例，当绝大多数教师被众多新概念、新主张折腾得六神无主时，绝不应该因为短时间内的不理解便拒绝接纳，转而顽固施行旧经验、旧方法。换一个角度观察时才会发现，绝大多数教师的六神无主，恰恰是因为他们依旧在用旧经验、旧方法应对新课标和新要求。从这一点而言，教师群体在接纳新知识、新方法、新科技等方面其实极为保守，远远比不上信息技术行业的从业者。试想，当时代已经发展到ChatGPT 和 DeepSeek 的信息文明高度时，还有哪一位 IT 行业工作人员会依

旧守着 DOS 命令或者 386 操作系统应对当下的工作？但当下时代中为数众多的教师的教学理念、教学经验和教学技法，和 DOS 命令时代的并未形成划时代的变革。

如果缺乏强烈的自我发展意识，仅只满足于应试成绩的靠前，则教师这个职业似乎并不需要拥有最新的知识储备。任何一位教师，只需运用读书时获取的那些知识，便足以应对当下教科书中的绝大多数学习内容。此种极端功利性教学目标，在"造就"无数的"把关教师"的同时，也将这些教师置入了教育教学的舒适区，使其习惯于运用旧经验应对各种各样的教学问题、成长问题。在这样的"舒适区"中，一切都有迹可循，一切都可以规范化、精细化。

但这绝不是真正的教育，至少不是真正的核心素养教育。因为这样的教育关注的不是个性化的生命，而是可量化、可规模化产出的分数。真正的教育则以指向未来社会的生活价值为准则，致力于将每一个学生培养成拥有独立人格的合格公民。这样的育人目标，应试思维下的所有经验均丧失价值。教育者唯有走出简单应试的思维误区，从未来社会的人的成长需要出发，从未来社会对人的综合素养的客观要求出发，主动挑战教育教学新难题，才能最大程度助推学生的成长，助力自身的发展。

3. 应离则离，舍弃赘余轻装向前进

对于教师群体中的那些优秀者而言，教育中的"断舍离"还必然体现为适时放下各种荣誉，时刻以一份强烈的探究热情迎候一切挑战。优秀教师之所以优秀，是因为他们在此前的工作中勇于探索，发现了他人未曾发现的教育教学理论或者技能，取得了他人未曾获得的成绩。但这些曾经的优秀，也极容易成为阻碍专业发展的遮蔽物，尤其是这些优秀教师在很大范围内拥有了决定性的话语权之后。

优秀教师要想在专业发展道路上行走得更稳更远，就必须彻底放下各种荣誉带来的羁绊与遮蔽，给大脑腾出更大的空间，用以盛放教育教学实践中的思考与发现，进而形成持久性的探索，收获持久性的教科研热情。优秀教

师只有经历了这样的"断舍离",才能始终保持清醒的头脑,继而始终以探索者的身份与姿态,应对日常教育教学中的一切变革,并最终成为历次教育教学改革的领路人。

放下荣誉的方法不过两种:一是自己主动放下,二是他人协助放下。前者离不开境界与胸怀,后者离不开他人的帮助。他人会如何帮助呢?小人会使一个绊子将其放倒,荣誉自然也轰然坠落。君子会坦诚建议,晓之以理,喻之以义,说服其接受放下的主张,然后伸出援手,帮助其卸下光环。贤者会卸下他身上的全部勋章,以最轻松的姿态伴你同行;当你从他的博大丰厚中发现了自身的贫乏,面露惭色悄悄藏起各种小奖章时,贤者也并不表扬你的明智,只会微微一笑,更好地陪伴着你向前。

当下,教师群体似乎也盛行起了"吃青春饭"。为数众多的学校,对新教师、年轻教师勤加督促,严格要求,舍得花大力气助推其成长,而对于人到中年的教师,尤其是年过半百的教师,则大体上采用无为而治的策略,极少对其提出具体可行的专业发展目标。此种校园文化环境中,相当数量的中年教师在日复一日的授课、批改作业的简单循环间形成了惰性,滋生了倦怠,丧失了好奇心,泯灭了好胜心,最后成为教师群体中的可有可无之人。

对于数量庞大的此类中老年教师而言,其教育"断舍离"的关键要素,便是和惰性、倦怠以及各种积习做个了断,回过头来,向新教师学习,向年轻教师学习,学习他们的热情与冲劲,学习他们的无畏与执着。中老年教师只有一边和不良认知"断舍离",一边建构新意识、新思想、新方法,才能跟得上时代发展步伐,才能始终以昂扬进取的形象,行走在通往教育的明亮前方的探索之路上。

综上三点,教育中的"断舍离","断"的是束缚思想的各种绳索,"舍"的是阻碍持久发展的各类羁绊,"离"的是影响健康成长的各项人为附加。教育"断舍离"的本质,既是轻装上阵,又是注入新动力,形成新思考,产出新方法,最终成就学生,成全自己。

第四节

让"自主培训"成为主角

所有的成长，都是外力与内力共同作用的成果。培训，其原初价值就在于借助培训者这个外力，给予被培训者正向的激励或刺激，激活其内在的自主成长欲望，助推其积攒能量、追逐美好、超越常态，最终实现自我突破。

遗憾的是，为数众多的培训并不能满足上述价值诉求。撇开培训组织形式以及培训内容等因素不看，单从被培训者内在需求这一点而言，就至少存在这样一些问题：一部分被培训者仅是迫于行政压力而不得不参加集体性培训活动，情感中伴随着本能性的抵触；另一部分被培训者为了完成继续教育课时而报名参加某个培训活动，只追求"人在曹营"的外在效果；还有一部分被培训者基于跟风、追"星"、结识朋友、顺带旅游等因素而主动报名参加在异地举办的公费性培训，以培训充当打开私愿之门的钥匙；也有一部分被培训者在工作中遇到了困惑却苦于无高人指导，主动参与特定主题的培训或者研修，希望从培训者处收获一招致胜的"武功秘笈"，为未来的工作开辟坦途；亦有少量的被培训者为了印证自身的某种教科研主张而参加培训，当培训者持有的观点与自身观点相同或相近时便心生欢喜，当培训者持有的观点与自身主张不一致时便以挑剔甚至拒绝的心态对待……

凡此种种，都不是真正的借力成长，都未能形成良性的同伴互助。

1. 合理审视外部的助推力

当然不能奢求一场培训同时满足所有人的心理期待，但当培训成为一种不得不参与的集体性活动时，这份"最好的福利"还是不应该"拒之于千里之外"，而是要如同鲁迅先生在《拿来主义》中所说的那样，先"占有"，再"挑选"，"运用脑髓，放出眼光，自己来拿"。毕竟，绝大多数的培训者在受邀担任某次活动的主讲人之后，总是会尽其所能地准备讲座内容，将自认为最有价值的东西倾囊而授。如果一场两个小时的培训中有二十分钟的内容让我们耳目为之一新，便是一份难得的收获。更何况有些讲座中能够给予我们启迪的内容远远超过二十分钟。

也许有人会说，既然无法保证每一场培训都能给予被培训者足够充分的有价值信息，那么何必浪费时间和精力去拆这个"盲盒"？不如拿起书本认认真真阅读两个小时，或许收获会更大。持有此种观点的人，倘若果真能够将别人被动参与各种培训活动的时间用到专业阅读之上，必然也会将其他的闲暇时间用于专业阅读。这样的人，便进入了主动性的"自我培训"状态，懂得随时随地为自己"充电"。

现实的教育情境中，愿意并能够随时随地开展"专业阅读"的人总是少而又少。至于随时随地地开展专业反思、专业写作、专业研讨的人，更属于凤毛麟角。绝大多数的教育工作者日复一日地重复着相对固化的教学任务，极易被日常琐屑事务遮蔽眺望远方的慧眼与慧心，陷入无限忙碌却始终原地踏步的成长困境。此类型的教师，亟须借助培训唤醒其成长欲望，激活其成长内驱力。而这培训，又以外部培训为辅，"自主培训"为主。

学习型教师如何在日常工作中有意识地开展"自主培训"呢？所有的方法，前面的章节均已介绍，无外乎自主性的专业实践、专业反思、专业阅读、专业写作、专业交往。前四者建立在学习型教师内在教育情怀长久丰盈润泽的前提之下。一旦情怀枯竭，一切便烟消云散。"尺码相同"者的专业交往则是教育情怀丰盈润泽的营养源。

新教育实验团队中，有一句人人皆知的大白话：一个人可以走得很快，一群人才能走得很远。这句话其实是一个"半互文"的修辞，正确解读是"一个人能走得很快，但很难走得很远；一群人则既可以走得很远，也可以走得很快"。之所以要强调这一点，是因为"自主培训"中的"自主"绝非独立于他人之外的自我闭关参悟，而是以主动性心理和主动性行为，打通自身成长与外部世界的关联，让万物为我所有，为我所用。

2. 五"自"筑基，在互助中攀登

教师的持久性发展，永远建立在"自愿""自知""自律""自悟""自得"的五级台阶之上。当一位教师开始感受到自身越来越忙碌之时，便需警惕前方的陷阱或障碍。此时需要确立的，就是自主成长的愿望；需要付之以行动的，就是"自主培训"。一名教师，只有心中对成长持有一份绵长的渴望，才可能形成同样绵长的行动。

教师的专业发展的愿望，无所谓崇高与渺小。做一名苏霍姆林斯基那样的专家型教师属于一种愿望，通过专业发展收获各种骨干称号和荣誉表彰，最终有资格申报特级教师，也属于一种愿望。后一种愿望并不比前一种愿望低俗，因为其最终带来的都是向上发展的动力，都能够在成就教师的同时更好地服务学生的成长。

要想让愿望成为现实，需要先审视此愿望是否切实可行。"自知"强调的就是成长定位的合理性。所谓"知己知彼，百战百胜"，用到教师的专业成长上，便是既要了解自身的素养、能力、价值取向、生存环境，又要知晓达成愿望的各种主客观需求。定位失当，则事倍而功半，甚至一事无成。

"自律"是专业发展中最根本的素养。"自律"不是三分钟热度，不是错失机会之后的自虐，而是一种持之以恒的行动。教师"自主培训"最不可或缺的元素，便是"自律"。长于"自律"的教师，只要目标正确、行动适宜，一定能够成长为卓越教师。

"自律"不属于"纯天然产品"。绝大多数的"自律"，来自"他律"的长期影响。仍然以"培训"这个话题为例。当一名教师不断地从各种培训中收获启迪，不断丰富自身的认知积淀之后，此种成长经验就会转换为一种"自律"，促使自身不断参加各种培训，进而形成自我培训的意识，生成自我培训的行为。

"自悟"属于"自律"的升级版，一切的学习最终需要借助于"妙悟"

而习得。教师自我培训的过程，正是自我觉悟、自我收获的过程。此过程中的"悟"，极少体现为佛家所言的"顿悟"和"大彻大悟"，更多表现为碎片化的、非体系的认知收获。"自悟"与"自律"相结合，碎片越积越多，最终也就成了整体。

"自得"便是此种归纳提纯之后的"整体"。"自得"得到的，是超越现实庸常之后的理想与情怀的光芒，是教育者在其职业身份之上应有的理性和人性的善与美，是成长为卓越教师必须具备的才、情、趣。真正的"自得"，指向对教育教学规律的省察与践行，指向对学生成长诉求的开启与筑基，指向对自身发展愿望的落实与修正。

此五个过程，构成了教师自主化发展的根基。所谓的教师"自主培训"，就是要在平凡甚至乏味的日常事务中建构并不断强化这五个过程，在一次又一次的"循环"中，促使职业生命一步又一步朝向辉煌灿烂处迈进。此种"循环"绝不是从头开始，而是每一次的"自愿"，均以前一次的"自得"为起点。一次循环，便完成一次职业生命的升华。

3. 走出自我封闭，走进自我丰盈

如果您是职场新人，您的第一个职业愿望是什么？通过第一轮的攀爬，想要收获什么样的"自得"？如果您是骨干教师，您又该确立一个什么样的职业愿望，形成什么样的"自知""自律""自悟""自得"，最终达成什么样的成长诉求？如果您已经在一定范围内功成名就，您又该如何确立一个新的生命起点，借助于何种形式的自我培训，助推您在朝向教育的明亮前方的道路上更加稳健、更加持久地行走？我想，不管愿望如何、结果如何，任何一名教师的专业发展，都必须远离惰性、战胜倦怠，让"自主培训"充当成长的主角。

教师的"自主培训"方式众多，除了自主阅读、自主反思、自主实践、自主写作，还有自主寻找并构建专业发展共同体、自主屏蔽生存环境中的各种不良因素等。主动参与某些外部培训活动，也是"自主培训"的方式之一。在我认识的诸多学者型名师中，就有若干位才俊每年暑假都自费参与一

些"教育行走"或者"线下共读共研"活动。正是借助于此类主动参与的培训，这批名师得以不断拓宽眼界，不断接受良性激励，最终也就不断收获超常规的发展。

还有一种形式的专业发展，非"自主培训"无法实现，这便是持久性的专题研究。比如，我用二十年的时间不断践行"三度语文"的教学主张，又有谁会跟踪我的研究，给予我二十年不间断的培训与指导呢？这就需要研究者自身始终锁定一个主题开展专业实践、专业反思、专业阅读、专业写作，同时创造条件组建专业研究共同体。此类型的"自主培训"，基于"自愿"，成于"自律""自悟""自得"，更离不开研究过程中的自我质疑、自我否定、自主重构。至于用于"自主培训"的内容，则既有学界的最新教育教学理论，也有研究者自身的探索，还有同行们发表的论文或网文，以及外部世界对教育教学的持续变化着的各种诉求。"自主培训"犹如一张巨大的过滤网，从海量的外部信息中捕捉并过滤各类资源，最终选择其中最有价值的一小部分，置入自身的"实验室"中，一点点分析，一步步探究，最终融会贯通。

千万不要将"自主培训"误读成"自我陶醉""自我封闭"。"自主培训"永远离不开外部世界的影响与雕塑。试想，就算是武侠小说中面壁十年参悟出绝世武功的顶尖高手，其悟出的具体招式或许完全原创，但其背后的武学原理必然建立在前人认知经验的基础之上。从这一点而言，一切的"自主培训""自主发展"，强调的都仅仅是主体的积极性与能动性，绝非强调摒弃他人智慧。

很多教育者对一句话深以为然："你永远唤不醒一个装睡的人。"我以为，这句话本身就是一个悖论。装睡的本质就是醒，又如何说是"唤不醒"呢？之所以会出现"装睡"且"唤不醒"的症状，根源在于"唤"，在于"唤醒"之后要求他做些什么。从这一点而言，教师的"自主培训"，就是让每一位教师都从被动培训的"装睡"状态中走出，进入睁大双眼寻找、敞开心扉吸收的"悦纳"境界，这才是一个主角应该拥有的角色姿态。

学习型教师，就是要无论置身何时何地，都以主角的姿态寻找教育教学的本真，就是要永远成为睁大双眼看世界的人。

看山是山，看山不是山，看山还是山。教育呢？教育是教育，教育不是教育，教育还是教育。

教育千古事，得失寸心知。唯此而已！

后　记

　　十余年来，这是第一次完成一部命题作品。

　　上一部著作《有滋有味做教师》出版后，我的责编卢风保先生问我下一部作品准备写点什么，我说我依旧想写一本适宜于基础教育阶段所有教师阅读的通识类书籍，但还未思考具体写哪方面的内容。

　　彼时，我的另一部作品正在另一家出版社等待出版。那部作品以教育写作和课题研究为主题，以自身数十年的写作实践和课题研究实践为例证，较为系统地阐释了中小学教师教科研中的专业写作和课题研究两大难点问题。而我此前也出版了《做一名老练的青年教师》《改变，从写作开始》《重构教师思维》等通识类书籍。似乎再难找到一个好的探究点。

　　闲聊中，卢风保先生问及我近阶段主要忙活一些什么样的事务，我回答他说，这一届高三结束后，我将面临退休，不再继续授课，我会将更多精力投入到新教育实验和"新网师"之中，为中国教育的良性发展多培养一些有理想、有情怀、有方法、有行动的卓越型教师。顺着这个话题，我便和他聊起了我在"新网师"中开设的专题课，聊起了我即将担任班主任的卓越课程班。

　　卢风保先生说：你就为你的这个卓越课程班写一本书吧，卓越教师的成长，离不开学习力的修炼与超越，所有的卓越教师也都应该是学习型教师。

　　于是，这部命题作品的题目便诞生了。当其诞生时，新生命尚未孕育。就像很多的新家庭，新生命尚未在母体中形成，写到户口簿上的名字便早已确定一样。

　　确立了这个主题之后，我便开始搭建整本书的写作框架。高考后的二十天，主要精力都放在了这上面。6月底时，终于完成了最初的框架，发给卢风保先生，请他提意见。他只建议我增加一个章节，将当下的课程改革纳入书中。我便在原框架基础上增添了本书第五章的内容。

7月和8月，奔波数地，忙于各类教师培训，间或写点约稿或专栏文章，阅读了十几部长篇小说。计划中的"新网师"卓越课程班也正常开班运转。其中，7月底在山西省武乡县开设暑期教育写作工作坊，结识了三十余位热爱教育写作却大多尚未入门的青年教师，同时还结识了几位已经退休或即将退休的卓越教师，从他们身上感受到了一种永不停息的进取精神。这让我想到，所谓的学习型教师，从来就没有年龄和职称的限制。退休了，已经是特级教师、正高级教师了，只要乐意追求，就永远是学习型教师，永远在自主学习的道路上快乐前行。

9月1日，新学年开始，我的书稿也开始写下第一句话。书稿预计十五万字，计划六十天完成，如此，每天只要写不到两千五百字。但我知道两个月间注定会有一些日子没有时间写作，我将计划调整为每天创作三千字。

9月份的写作很顺利，很多的日子都是一天一节的内容，五千余字。进入10月后，开始变得艰难，尤其是第五章的新课改内容。倘若我只谈论语文学科教学中的新课程方案，只以中学语文教师为阅读对象阐释大单元整体化教学、真实性问题情境和学科大概念，那会很轻松。但现在要面对的是全学段全学科的教师，就必须跳出语文学科的小圈子，从宏观的课程方案视角综合性分析相关问题。

为了写好这一章的内容，我查阅了其他学科的课程标准，在中国知网上阅读了相当数量的各学科教学论文，了解各学科大概念的表述方式和要点内容，对模块、议题等教材结构形式也进行了研究。我还多次请教我的同事，了解数学、思政等学科的学习任务设定方式与表述方式。即便如此，我依旧不敢保证这一章内容的科学性，期待读者朋友们指正我的认知缺陷。

10月的最后几天，书稿进入最后一章。起初，我以为这一章的内容很好写，但真正展开时，发现并不容易。这一章的内容返工最多，常常是写了几百字甚至一千多字，觉得没有把想说的东西表达出来，便毫无犹豫地删除。我之所以特别在意这一章的表达，是因为我从自身的成长经验出发，希望我的读者朋友们都能走出现实的小圈子的认知束缚，走进无限广阔的网络世界之中，去结识那些有着高尚灵魂的真正教育人，去主动追求那种"幸福而完整的教育生活"。

今日十七时，书稿终于完成了最后的内容。晚间跟着完成这篇后记。在书稿创作的两个多月间，很多人给予了我很多的帮助。在家中，我只做一件事，就是端坐在电脑前思考或写作，连我那聪灵活泼的小外孙女桃桃（学名夏怀瑾）都知道外公在工作，不能打扰。在学校，同办公室的吴小丽老师经历了蹑手蹑脚、轻拿轻放的两个月，唯恐声音大了打乱了我的思路。我的卓越课程班的学员也原谅着我的懈怠，有问题班委会商讨着解决，尽量不占用我的写作时间处理班级事务。在此感谢所有为这部书稿做出奉献的人！

　　下个月就要退休了。很多朋友关心我退休后的安排，我想我应该只是退出体制内的教师职位，不会退出对教育教学的探究。想到不用再开那么多的无聊的会议，便有一种"无会一身轻"的愉悦感油然而生。以后，我会有更多的时间阅读、思考、写作，也会间或走进课堂，上一两节探索课。于我而言，教学、阅读和写作，就是最好的养生。

刘　祥

2024 年 11 月 4 日夜